新課程対応版

高卒認定ワークブック
国語

編集・制作：J-出版編集部

J-出版

もくじ

第3章　漢文

今話している日本語が（母語が日本語ではない方はその母語が）話せるようになるまで、どのくらいの時間がかかりましたか？　単語を話せるようになり、単語を繋げて二語文が話せるようになり……数年かけて今の語彙力を身につけたのではないでしょうか。そんな語彙力が大事になる国語は、数週間でポンと点数が上がる科目ではありません。しかし、コツをつかむことで問題文が読みやすくなり、失点を減らすことはできます。これから一緒に頑張りましょう♪

高卒認定試験の概要

高等学校卒業程度認定試験とは？

高等学校卒業程度認定試験（以下、「高卒認定試験」といいます）は、高等学校を卒業していないなどのために、大学や専門学校などの受験資格がない方に対して、高等学校卒業者と同等以上の学力があるかどうかを認定する試験です。合格者には大学・短大・専門学校などの受験資格が与えられるだけでなく、高等学校卒業者と同等以上の学力がある者として認定され、就職や転職、資格試験などに広く活用することができます。なお、受験資格があるのは、大学入学資格がなく、受験年度末の3月31日までに満16歳以上になる方です（現在、高等学校等に在籍している方も受験可能です）。

試験日

高卒認定試験は、例年8月と11月の年2回実施されます。第1回試験は8月初旬に、第2回試験は11月初旬に行われています。この場合、受験案内の配布開始は、第1回試験については4月頃、第2回試験については7月頃となっています。

試験科目と合格要件

高卒認定試験に合格するには、各教科の必修の科目に合格し、合格要件を満たす必要があります。合格に必要な科目数は、「理科」の科目選択のしかたによって8科目あるいは9科目となります。

教科	試験科目	科目数	合格要件
国語	国語	1	必修
地理歴史	地理	1	必修
	歴史	1	必修
公民	公共	1	必修
数学	数学	1	必修
理科	科学と人間生活 物理基礎 化学基礎 生物基礎 地学基礎	2 または 3	以下の①、②のいずれかが必修 ①「科学と人間生活」の1科目および「基礎」を付した科目のうち1科目（合計2科目） ②「基礎」を付した科目のうち3科目（合計3科目）
外国語	英語	1	必修

※このページの内容は、令和5年度の受験案内を基に作成しています。最新の情報については、受験年度の受験案内または文部科学省のホームページを確認してください。

本書の特長と使い方

本書は、高卒認定試験合格のために必要な学習内容をまとめた参考書兼問題集です。高卒認定試験の合格ラインは、いずれの試験科目も40点程度とされています。本書では、この合格ラインを突破するために、「重要事項」「基礎問題」「レベルアップ問題」というかたちで段階的な学習方式を採用し、効率的に学習内容を身に付けられるようにつくられています。以下の３つの項目の説明を読み、また次のページの「**学習のポイント**」にも目を通したうえで学習をはじめてください。

重要事項

高卒認定試験の試験範囲および過去の試験の出題内容と出題傾向に基づいて、合格のために必要とされる学習内容を単元別に整理してまとめています。まずは、ここで基本的な内容を学習（確認・整理・理解・記憶）しましょう。その後は、「基礎問題」や「レベルアップ問題」で問題演習に取り組んだり、のちのちに過去問演習にチャレンジしたりしたあとの復習や疑問の解決に活用してください。

基礎問題

「重要事項」の内容を理解あるいは暗記できているかどうかを確認するための問題です。この「基礎問題」で問われるのは、各単元の学習内容のなかでまず押さえておきたい基本的な内容ですので、できるだけ全問正解をめざしましょう。「基礎問題」の解答は、問題ページの下部に掲載しています。「基礎問題」のなかでわからない問題や間違えてしまった問題があれば、必ず「重要事項」に戻って確認するようにしてください。

レベルアップ問題

「基礎問題」よりも難易度の高い、実戦力を養うための問題です。ここでは高卒認定試験で実際に出題された過去問、過去問を一部改題した問題、あるいは過去問の類似問題を出題しています。また、「重要事項」には載っていない知識の補充を目的とした出題も一部含まれます。「レベルアップ問題」の解答・解説については、問題の最終ページの次のページから掲載しています。

学習のポイント

本書の構成と進め方

本書の章立ては第一章：現代文、第二章：古文、第三章：漢文となっています。古文と漢文はどちらも日常生活の中では馴染みが薄く、苦手意識を持つ方も多い分野です。しかし、高卒認定試験の古文と漢文は難易度が高いものではありませんので、ポイントを押さえて学習していけば合格点を確保することができます。

本ページにて各章ごとのポイントを記載しておりますので、一通り目を通したうえで学習を始めてみてください。

第一章　現代文

よくイメージされる長文（評論・小説）以外にも会話文や資料の読解、手紙などの実用文書など様々な出題方法があります。見慣れない形のものが出題されると怯んでしまうかもしれませんが、現代文は「書いてあることをきちんと読み、根拠を探していく」ことで正解を導き出すことができます。しっかり丁寧に読んでいきましょう。

また、問題を解いているときや、日常生活において知らない言葉や意味が曖昧な言葉があったときは、その都度辞書などで調べる癖をつけましょう。現代文の読解においても、今後あなたが生きていく上でも、「語彙力」は大きな味方になってくれます。

第二章　古文

古文の学習において大切なのは、古文単語をしっかりと覚えることです。英語などの外国語も、単語を知らないと理解することができませんよね。古文も同じだと考えてください。古文は同じ日本語で、現代でも同じように使われている単語があるので雰囲気で読み取ることができるようにも感じますが、現代とは違う意味で使われている言葉や、現代では使われなくなった言葉もあります。第二章の付録として古文の単語帳を掲載しましたので学習に利用してください。また、古文の学習をより深めたい場合は、参考資料で文法を学習してみてください。

第三章　漢文

漢文は、元は中国語で書かれていたもので、それを日本でも読むことができるように返り点や送り仮名をつけています。そのルールについて、しっかりと理解しましょう。書き下し文が作れるようになれば、おおよその意味が分かるようになりますよ。

第1章

現代文

1. 文のつながりを理解する

「なぜ国語の学習をするのか」ということを考えたことはありますか？　その理由のひとつに「人はそれぞれ考え方が違う」ということがあるのではないでしょうか。自分が言ったことを意図と違うように受け取られてしまったという経験は誰にでもあると思います。とても悲しい気持ち、嫌な気持ちになりますよね。そのようなことを減らすために「どうやって伝えるか」「どうやって受け取るか」の訓練が国語の学習をする理由のひとつではないでしょうか。

この単元では、文章読解の要《かなめ》となる「文のつながり」について学習していきます。どのような接続詞をどのような時に使うのか、しっかりおさえていきましょう。

Hop 重要事項

口語文法

私たちが何気なく話している日本語も、一定のルールによって単語がつながれて文章になっています。これを口語文法といいます。まずは単語の種類について学習していきましょう。

日本語の全ての単語は十種類のグループ（＝品詞）に分けることができます。

- 動詞……物事の動作・作用・存在などを表します。

例　「動く」「消える」「ある」「する」など

・形容詞・形容動詞 …… 物事の性質・状態を表します。
例「強い」「寒い」「楽しい」など（形容詞）
例「きれいだ」「穏やかだ」など（形容動詞）

・名詞 …… 物事の名前、数などを表す。
普通名詞（「電車」「本」など）
固有名詞（「伊藤博文」「ケネディ」など）
数詞（「一個」「二番目」「三匹」など）
代名詞（「私」「あなた」など）

十種類の品詞の中で、動詞、形容詞、形容動詞、助動詞は後ろにつく単語によって形を変えることがあります。これを「活用」と言います。文法についてしっかり学習したい方は、章末の参考資料を読んでみましょう。

・連体詞 …… 下に続く名詞を修飾してより詳しく表すものです。

・接続詞 …… 前後のつながりを表します。
例「しかし」「したがって」「だから」など

・感動詞 …… 感動、応答、呼びかけ、挨拶、かけ声などを表します。
例「ああ、よかった」「はい、わかりました」「ねえ、行こうよ」「こんにちは」「よいしょ」など

・助動詞 …… 他の語の後ろにつき、前にある語に意味を付け加えます。後ろにつく語によって形が変わることがあります。

・助詞 …… 他の語の後ろにつき、前にある語に意味を付け加えます。後ろにつく語によって形が変わることはありません。

・副詞 …… 下に続く動詞、形容詞、形容動詞を修飾してより詳しく表すもので、そのほかの品詞に分類できないものを指します。

代名詞

人や物事の代わりに使う指示語のことを代名詞といいます。

- 私は中学生です。
- あなたの服は素敵ですね。
- 彼はとても成績が良い。
- これはどこに置いたら良いですか？
- それは向こうの棚にありましたよ。
- あちらのおじいさんが拾ってくれました。

文章中に代名詞が出てきたときは、それが何を示しているのか具体的に理解するようにしましょう。

大学時代から三十歳になるころまで、現代音楽に傾倒していた僕は、一般の人の理解を得られにくい路線を突き進んでいた。

現代音楽というジャンルの中で最もこれが自分の道と思ったのは、前衛芸術だった。例えば、ジョン・ケージの〈4分33秒〉と呼ばれている作品はステージに登場してピアノの前に座り、何も弾かずに帰ってくる、というもの。あるいは、グロボカールには、ステージで椅子を放り投げるというチャンスオペレーションの作品もあった。音楽の可能性を追求して、そういう実験的な試みがたくさん行われている世界だった。

〈久石譲『感動をつくれますか？』高認 平成二十九年第一回より抜粋〉

文中に出てきた三つの代名詞について考えてみましょう。

- 「僕」は「筆者自身」のこと。
- 「これ」は「前衛芸術」のこと。
- 「そういう」は「ステージに登場してピアノの前に座り、何も弾かずに帰ってくる」ことや「ステージで椅子を放り投げるというチャンスオペレーション」を指しています。

代名詞が正しく理解できているかを確かめるためには、その言葉を代名詞と入れ替えてみましょう。

例 現代音楽というジャンルの中で最もこれが自分の道と思った。
⬇ 現代音楽というジャンルの中で最も前衛芸術が自分の道と思った。

このように入れ替えてみて違和感がなければ、代名詞を正しく理解できていると判断することができます。

接続詞

前後のつながりを表す語を接続詞といいます。接続詞は九つに分類されます。

◉順接……前の事柄が理由となった当然の結果が後ろに続くときに使われます。

例
- 事故で電車が遅れた。だから一時間も遅刻してしまった。
- したがって、このような結論に至ります。
- 近くにいた鳥に近づいてみました。すると、その鳥は逃げていきました。
- 彼がクイズの解答に行き詰ってしまった。そこで私はヒントを出した。
- 家の鍵を忘れてしまった。それで家に入れなかった。
- 部屋が狭いがゆえに、ベッドを置くことができない。

◉逆接……前の事柄から想像される結果とは逆の結果が後ろに続くときに使われます。

例
- 彼は無口だけれども心優しい性格だ。
- 本屋に行ったが、閉まっていた。
- 今回だけは許そう。だが、次に同じミスをしたら君は会社をクビだ。
- ドアを叩く音がした。ところが外には誰もいなかった。
- また受験に失敗してしまった。でも私は絶対にあきらめない。

◉ 並列……二つ以上の事柄を並べて述べるときに使われます。

例
- 彼女は弁護士であり、また母親でもある。
- ここからが見学エリアです。そしてこちらがその案内マップです。
- 生徒ならびに保護者の皆様、本日はお越しいただきありがとうございました。

◉ 添加（累加）……前の事柄に付け加えるときに使われます。

例
- 彼は勉強が得意だ。そのうえ運動神経も抜群である。
- 今日はセール日です。しかも特典が付いています。
- 今もなお、その伝統は受け継がれている。
- 妹は音楽大学を出た。そしてピアニストになった。

◉ 対比……前の事柄と後ろの事柄を比較するときに使われます。

例
- 東京は晴れている。一方、北海道は大雪が降っている。

◉ 選択……前の事柄と後ろの事柄のどちらか片方を選ぶときに使われます。

例
- その漫画は書店で読むことができます。あるいはネットでも読むことができます。
- 和食または洋食をお選びください。
- 彼とは明日の十時、もしくは十一時に会う予定だ。
- 次の旅行は国内にしますか？それとも海外にしますか？

◉補足（説明）……前の事柄の理由を補足・説明するときに使われます。

例
・今週はスマートフォンを使うことができない。なぜなら修理に出しているからだ。
・コンサートのチケットが当たった。ただし平日限定である。

◉同格（言い換え・例示）……前の事柄について別の言い方をしたり、例をあげるときに使います。

例
・彼は私の母の兄、すなわち私の叔父です。
・櫻井さんは月に五千円、つまり一年間に六万円貯金している。
・私は球技、たとえばサッカーやバスケットボールが好きです。

◉話題転換……前の事柄と別の話題に話を変えるときに使います。

例
・ところで数学の勉強は終わったのかい？
・さて、一旦休憩にしよう。

接続詞はこれから話題がどう続いていくかのヒントになります。読解問題を解くときも注意して見ていきましょう。

接続助詞

動詞・形容詞・形容動詞・助動詞に接続し、前後の接続関係を表す言葉を接続助詞といいます。接続助詞はその用法から七つに分類することができます。

◉仮定の順接を表す。

例
・彼がやってくれれば間違いはない。
・そろそろ出発しないと遅刻してしまうかもしれない。

◉ 仮定の逆接を表す。

例
・今更選手交代したところで、この試合に勝つことはできないだろう。
・何があろうとこの問題を解決してみせる。

◉ 確定の順接を表す。

例
・暑いのでエアコンをつけた。
・思っていたより遠かったから行くのをやめた。
・お腹がすくと元気がなくなる。
・冬になれば気温が下がる。
・壊れてしまって音が出ない。

◉ 確定の逆接を表す。

例
・何度電話しても応答がない。
・勉強したが、なかなか点数が伸びない。
・喧嘩をしたけれど、かえって仲良くなった。
・昨日も食べたのに、また同じものを食べる。
・株価は上昇しているものの、景気が良くなっている実感はない。
・彼は若いながらもしっかりとした話し方をできる人物だ。

◉連用修飾語を作る（活用している語の後ろに付く）。

例
- 歩きつつあたりを警戒している。
- ごはんを食べながらテレビを見る。
- 宿題を終えるなり外に飛び出していった。
- 練習をしすぎて体を壊したりしてはいけないよ。
- 審査に合格して黒帯をもらった。

◉補助・被補助の関係を作る。

- 誰かが座っている。

◉並立の関係を作る。

例
- 夏休みは海に行ったり山に行ったりして遊んだ。
- 沖縄にも行ったし北海道にも行ったよ。
- この歌手のファンには男の子もいれば女の子もいる。
- 彼女は歌もうまくて演技もできて、素晴らしいタレントだ。
- 東南アジアは暑いというが、東京もとても暑い。
- 彼は委員長をしていてとても忙しそうだけど、僕だって忙しい。

主語と述語の関係

・何がどうする　**例** 私は寝る。
・何がどんなだ　**例** 姉は優しい。
・何がなんだ　**例** 彼はリーダーだ。

このような文の、「何が」の部分を**主語**、「どうする」「どんなだ」「なんだ」の部分を**述語**といいます。主語や述語を詳しく説明している部分を**修飾語**といいます。先にあげた文に修飾語を追加してみましょう。

・私は《主語》 今日は《修飾語》 早めに《修飾語》 寝る《述語》。
・姉は《主語》 誰に《修飾語》 対しても《修飾語》 とても《修飾語》 優しい《述語》。
・彼は《主語》 この《修飾語》 団体の《修飾語》 リーダーだ《述語》。

主語述語の理解は、読解問題を解くためにも非常に重要です。間違えずに把握できるようになりましょう。**主語はその動作をした人、性質を持っている人や物、それに対して述語は結論と考えると良いでしょう。**

次に、二つの文を見比べてみましょう。

①　妹が起きる。
②　妹を起こす。

①の文の「起きる」という動作をしたのは「妹」ですが、②の文の「起こす」動作をしたのは「妹」ではありません。このようなとき、①の「起きる」を自動詞、②の「起こす」を他動詞といいます。「だれがどうした」という関係をしっかり意識しながら文章を読むことで、読み間違いを減らすことができます。

文と文の関係

文と文は、接続詞でつながれているとは限りませんので、接続詞がなくても、前後の関係が読み取れるようにならなければなりません。文と文の関係を、大きく九つに分けて見ていきましょう。

◉順接・展開型……前の文の内容が理由、後ろに結果または前文を受けての発展的内容が書かれる場合。

例 スーパーでお肉が特売だったんだ。買ってしまったよ。

◉逆説型……前の文の内容から推察される内容とは逆のことが後ろの文に書かれる場合。

例 明日は大晦日だ。まだ年賀状を書き始めていない。

◉並立型……二つ以上の事柄を並べる場合。

例 バスケットボール部は体育館で写真撮影をします。陸上部はグラウンドです。

◉添加型……後ろの文が前の文に情報を付け加えている場合。

例 彼女はとても絵がうまい。運動神経もいいらしい。

◉対比型……前の文と後ろの文を比較する場合。

例 八月の屋外はとても暑い。デパートの中は涼しい。

◉選択型……前の文と後ろの文のどちらかを選択させる場合。

例 お昼ごはんは焼きそばにしない？　ラーメンの方がいいかな？

◉補足型……前の文の原因や理由を後ろの文を補足説明する場合。

例 お腹が痛い。昨日食べすぎたせいだ。

◉言い換え・例示型……前の文の内容について、後ろの文で別の言い方をする場合。

例 失敗すると思いながら物事に取り組むのは良くない。成功するイメージをしながら挑戦すると良い結果がでるはずだ。

◉転換型……前の文と違う話題になる場合。

例 試験時間終了です。解答用紙を後ろから回してください。

文と文の間に関係があるように、段落と段落の間にも関係があります。次の文章を例に見ていきましょう。

段落の構成

ものをつくる姿勢には、二つの道があると思う。

一つは、自分の思いを主体にして、つくりたいものをつくる生き方。自分の価値観、自分の信念にしたがって、自分自身が満足いくものを追い求める。人が理解できないものを生み出すこともあるし、一つの作品を仕上げるまでに、果てしなく長い時間を費やすこともある。必然的に、採算や生産性といったことは度外視することになる。

芸術家とは、この道を往く人だ。

もう一つの在り方は、自分を社会の一員として位置付けてものづくりをしていく在り方。需要と供給を意識し、今自分は何を求められているかを見据えた中に身を置く。自ずと商業ベースで考えることになる。世の中の大多数の職業というものは、こちらだといっていいだろう。

僕の音楽家としての現在のスタンスは、後者である。だからといって作曲をビジネスライクに考えているわけではない。

もちろん創造性ということを一番大切にしている。

　芸術家になるのは難しいことではない。内容を別にすれば、世間的には自分が決めればいいだけのことだ。誰からも認めてもらえなくても、己さえ納得していればいいのだから話は早い。「私は芸術家です」と規定したら、その瞬間からその人は芸術家である。極端な話、まだ何一つ作品をつくっていなくたっていい。

　一方、商業ベースでものをつくっていくには、自分がどんなに「その道の専門家です」「プロとしての自信があります」といったところで、仕事を発注してもらい、力量を認めてもらえなければ成り立たない。「こいつ、面白いな。やらせてみよう」とか「なかなかできるぞ、よし、任せてみるか」と思ってもらい、実際に引き受けた仕事で成果を見せなければならない。それがいい仕事であるかどうかの評価を下すのは決して自分自身ではなく、発注主であり、世の中の需要である。多くの人の気持ちを引き寄せることを目指してつくるわけではないが、絶えずそれを意識していかなければならない。つねに創造性と需要の狭間で揺れながら、どれだけクリエイティブなものができるかに心を砕く。

　どちらも、いいものをつくりたいという気持ちは同じだ。要は、何に価値と意義を感じて生きるかの違いだと思う。


〈久石譲『感動をつくれますか？』　高認　平成二十九年第一回より抜粋〉


　一行目の「ものをつくる…」、二行目の「一つは…」、五行目の「芸術家とは…」などに注目してみましょう。他の行より一文字分下がっているところからはじまります。これが段落が変わっている合図です。この文は八個の段落から構成されています。

各段落は、同じテーマを持った文のまとまりです

①段落目は問題提起
②段落目は「二つの道」のうち一つ目の説明
③段落目は二段落目で述べた「二つの道」のうち、二段落目で述べたものが「芸術家」であるというまとめ
④段落目は「二つの道」のうち二つ目の説明
⑤段落目は自分は「二つの道」のうちの二つ目であるという立場の表明
⑥段落目では「二つの道」のうちの一つ目である芸術家になるための条件
⑦段落目では「二つの道」のうちの二つ目である商業ベースで考える人の在り方

⑧段落目ではまとめが書かれています。

このように、「各段落でどんなことが書かれているのか」を把握しながら文章を読んでいきましょう。問いに対して、どの部分を見直したら良いのか素早く判断できるようになります。

【補足】要約を考える

現代文ではある程度長さのある文を提示され、そこから出された問いに答えていきます。この文章を全て覚えるのは不可能ですので、本文に戻って答えを探しながら解答していくことになりますが、このとき「おおよその内容を覚えている」と少し楽になります。おおよその内容を把握するために、要約をする練習をしておくのも良いでしょう。

要約は、長い文章のなかでも特に大事な部分を抜き出し、わかりやすく整えることを言います。先ほど「段落の構成」で見た文章で要約を作ってみましょう。傍線部は特に重要であると考えられる文です。

> ものをつくる姿勢には、二つの道があると思う。
>
> 一つは、自分の思いを主体にして、つくりたいものをつくる生き方。自分の価値観、自分の信念にしたがって、自分自身が満足いくものを追い求める。人が理解できないものを生み出すこともあるし、一つの作品を仕上げるまでに、果てしなく長い時間を費やすこともある。必然的に、採算や生産性といったことは度外視することになる。芸術家とは、この道を往く人だ。
>
> もう一つの在り方は、自分を社会の一員として位置付けてものづくりをしていく在り方。需要と供給を意識し、今自分は何を求められているかを見据えた中に身を置く。自ずと商業ベースで考えることになる。世の中の大多数の職業というものは、こちらだといっていいだろう。
>
> 僕の音楽家としての現在のスタンスは、後者である。だからといって作曲をビジネスライクに考えているわけではない。

もちろん創造性ということを一番大切にしている。

芸術家になるのは難しいことではない。内容を別にすれば、世間的には自分が決めればいいだけのことだ。誰からも認めてもらえなくても、己さえ納得していればいいのだから話は早い。「私は芸術家です」と規定したら、その瞬間からその人は芸術家である。極端な話、まだ何一つ作品をつくっていなくたっていい。

一方、商業ベースでものをつくっていくには、自分がどんなに「その道の専門家です」「プロとしての自信があります」といったところで、仕事を発注してもらい、力量を認めてもらえなければ成り立たない。「こいつ、面白いな。やらせてみよう」とか「なかなかできるぞ、よし、任せてみるか」と思ってもらい、実際に引き受けた仕事で成果を見せなければならない。それがいい仕事であるかどうかの評価を下すのは決して自分自身ではなく、発注主であり、世の中の需要である。多くの人の気持ちを引き寄せることを目指してつくるわけではないが、絶えずそれを意識していかなければならない。つねに創造性と需要の狭間で揺れながら、どれだけクリエイティブなものができるかに心を砕く。

どちらも、いいものをつくりたいという気持ちは同じだ。要は、何に価値と意義を感じて生きるかの違いだと思う。

〈久石譲『感動をつくれますか？』　高認　平成二十九年第一回より抜粋〉

傍線部の文を使って、要約として整えた一例が次の文です。

ものをつくる姿勢には、二つの道がある。一つは、つくりたいものをつくる生き方で芸術家と呼ばれる人、もう一つの在り方は需要と供給を意識し、今自分は何を求められているかを見据えた中に身を置く、つまり職業としてものを作る人である。僕の音楽家としての現在のスタンスは、後者である。

芸術家になるのは難しいことではない。「私は芸術家です」と規定したら、その瞬間からその人は芸術家である。一方、商業ベースでものをつくっていくには、仕事を発注してもらい、引き受けた仕事で成果を見せなければならない。

どちらも、いいものをつくりたいという気持ちは同じで、何に価値と意義を感じて生きるかの違いだと思う。

このように文を短くまとめることでおおよその内容を把握し、問題を解く助けにすることができます。試験中に要約を書いている時間はないので、頭のなかで要約ができるようになると良いでしょう。

Step

基礎問題

（　　）問中（　　）問正解

■ 問一～問三について、傍線部が指している内容として最も適当なものを①～③から選びなさい。

問一　私はたまごが好きだ。それは、色々な料理に使うことができる。

①　私　②　たまご　③　料理

問二　母が買ってきてくれた本は、数学の学習にとても役に立った。これを弟にも薦めようと思う。

①　本　②　数学　③　弟

問三　昨日、文具屋さんで買い物をした。その後から財布が見当たらない。きっとあそこに置いてきてしまったんだ。

①　文具屋さん　②　買い物　③　財布

■ 問四～問六について、［　　］に当てはまる接続詞として最も適当なものを①～③から選びなさい。

問四　私は一カ月前から一生懸命勉強した。［　　］今日のテストで良い点数がとれた。

①　だから　②　ならびに　③　それとも

問五　機内食は肉［　　］魚のどちらかお選びいただけます。

①　なぜなら　②　ゆえに　③　または

問六　昨日姉と喧嘩した。［　］今朝、普通に話しかけてきた。僕はまだ怒っているのに。

①　けれど　②　なお　③　もしくは

■　問七〜問十について、傍線部は主語を表している。述語として最も適当なものを①〜③から選びなさい。

問七　私は（傍線）ピーマンが苦手だ。

①　ピーマン　②　が　③　苦手だ

問八　彼は（傍線）中学生の時野球部に所属していたのでボールの扱いが上手い。

①　中学生　②　ボール　③　上手い

問九　あんなに優しい彼女が（傍線）怒るなんて、君は何をしたんだ？

①　怒る　②　何を　③　したんだ？

問十　私の妹は（傍線）バレエを習っている。

①　私の　②　バレエを　③　習っている

Jump

レベルアップ問題

■ 次の随筆を読んで、問一～五に答えなさい。

（　　）問中（　　）問正解

　これまでかつて猫というもののいた事のない私の家庭に、去年の夏はじめ偶然の機会から急に二匹の猫がはいって来て、それが私の家族の日常生活の上にかなりに鮮明な存在の影を映しはじめた。それは単に小さな子供らの愛撫もしくは玩弄の目的物ができたというばかりでなく、私自身の内部生活にもなんらかのかすかな光のようなものを投げ込んだように思われた。

　このような小動物の性情にすでに現われている個性の分化がまず私を驚かせた。物を言わない獣類と人間との間に起こりうる情緒の反応の機微なのに再び驚かされた。そうしていつのまにかこの二匹の猫は私の目の前に立派に人格化されて、私の家族の一部としての存在を認められるようになってしまった。

　二匹というのは雌の「三毛」と雄の「玉」とである。三毛は去年の春生まれで、玉のほうは二三か月おそく生まれた。宅へもらわれて来たころはまだほんとうの子猫であったが、わずかな月日の間にもう立派な親猫になってしまった。いつまでも子猫であってほしいという子供らの願望を追い越して容赦もなく生長して行った。

　三毛は神経が鋭敏であるだけにどこか気むずかしくてそしてわがままでぜいたくである。そしてすべての挙動にどことなく典雅のふうがある。おそらくあらゆる猫族の特性を最も顕著に備えた、言わば最も猫らしい猫の中の雌猫らしい雌猫であるかもしれない。実際よくねずみを捕って来た。家の中にはとうからねずみの影は絶えているらしいのに、どこからか大小いろいろのねずみをくわえて来た。しかし必ずしも A それを食うのではなく、そのままに打ちすてておいてあるのを、玉が失敬して片をつける事もあるようだし、また人間のわれわれが糸で縛って交番へ届ける事もあった。生存に直接緊要な本能の表現が、猫の場合ですらもうすでに明白な分化を遂げて、言わば一種の「遊戯」に変化しているのは注意すべき事だと思ったりした。

　玉のほうは三毛とは反対に神経が遅鈍で、おひとよしであると同時に、挙動がなんとなく無骨で素朴であった。どうかするとむしろ犬のある特性を思い出させるところがあった。宅へ来た当座は下性が悪くて、食い意地がきたなくて、むやみにがつがつしていたので、女性の家族の間では特に評判がよくなかった。それで自然にごちそうのいい部分は三毛のほうに与えられて、残りの質の悪い分け前がいつでも玉に割り当てられるようになっていた。［　　］不思議なものでこの粗野な玉の食い物に対する趣味はいつとなしに向上して行って、同時にあのあまりに見苦しいほどに強かった食欲もだんだん尋常になって行った。挙動もいくらかは鷹揚らしいところができてきたが、それでも生まれついた無骨さはそう容易には消えそうもない。たとえば障子の切り穴を抜ける時にも、三毛だとからだのどの部分も障子の骨にさわる事なしに、するりと音もなくおどり抜けて、向こう側におり立つ足音もほとんど聞こえぬくらいに柔らかであるが、[B]それが玉だとまるで様子がちがう。腹だか背だかあるいはあと足だか、どこかしらきっと障子の骨にぶつかってはげしい音を立て、そして足音高く縁側に、おりるというよりむしろ落ちるのである。この区別はあるいは一般に雌雄の区別に相当する共通のものであるかどうか私にはわからない。しかし考えてみると人間の同じ性のものの中でもこれに似た区別がかなりに著しい。ちょっと一つの部屋から隣の部屋へ行く時にも必ず間の唐紙にぶつかり、縁側を歩く時にも勇ましい足音を立てないでは歩かない人と、また気味の悪いほどに物音を立てない人とがある事を考えてみると、三毛と玉との場合にもおもな差別はやはり性の相違ばかりではなくて個性の差に帰せらるべきものかもしれない。

〈寺田寅彦『子猫』より抜粋〉

問一　［　　］に当てはまる接続詞として最も適当なものを①〜③のうちから一つ選びなさい。

①　だから　②　なぜなら　③　しかし

問二　玉と三毛の性質について**述べていない**段落として最も適当なものを①〜③のうちから一つ選びなさい。

①　三段落目　②　四段落目　③　五段落目

問三 傍線部Aが指す内容として最も適当なものを①〜③のうちから一つ選びなさい。

① 三毛　② 玉　③ ねずみ

問四 傍線部Bが指す内容として最も適当なものを①〜③のうちから一つ選びなさい。

① からだのどの部分も障子の骨にさわる事なしに、するりと音もなくおどり抜けて、向こう側におり立つ足音もほとんど聞こえぬくらいに柔らかである。

② 挙動もいくらかは鷹揚らしいところができてきた。

③ 腹だか背だかあるいはあと足だか、どこかしらきっと障子の骨にぶつかってはげしい音を立て、そして足音高く縁側に、おりるというよりむしろ落ちる。

問五 筆者が言いたかったこととして最も適当なものを①〜③のうちから一つ選びなさい。

① 二匹の猫との生活の中で、猫にも人間と同じようにそれぞれ個性があることがわかった。

② 二匹の猫との生活の中で、猫の雄は粗暴で雌は優雅であることがわかった。

③ 二匹の猫との生活の中を続けるうちに、子猫のいない生活は考えられなくなった。

基礎問題　解説

問一【②】　問二【①】　問三【①】

指示語の問題は、指示語と自分の答えを入れ替えてみて意味が通る文章になっているかを確認してみましょう。

問四【①】　問五【③】　問六【①】　問七【③】　問八【③】　問九【①】　問十【③】

レベルアップ問題　解説

問一【③】

□の前後を見てみましょう。「宅へ来た当座は下性が悪くて、食い意地がきたなくて、むやみにがつがつしていたので、女性の家族の間では特に評判がよくなかった。それで自然にごちそうのいい部分は三毛のほうに与えられて、残りの質の悪い分け前がいつでも玉に割り当てられるようになっていた」と「不思議なものでこの粗野な玉の食い物に対する趣味はいつとなしに向上して行って、同時にあのあまりに見苦しいほどに強かった食欲もだんだん尋常になって行った」は、前の文では玉は食い意地が汚かった(食欲が非常に強かった)こと、後ろの文では食欲は普通になっていたことがわかります。前後の文は逆の内容になっているので、逆説の意味を持つ「しかし」が当てはまります。

問二【①】

「述べていない」段落を選ぶということに注意しましょう。三段落目は三毛の玉の成長の速さについて。四段落目では三毛の性質、五段落目では玉の性質について述べています。したがって、正解は①です。

問三【③】

この段落では、三毛の性質について書かれています。傍線部Aの前後を見てみましょう。「家の中にはとうからねずみの影は絶えているらしいのに、どこからか大小いろいろのねずみをくわえて来た。しかし必ずしもそれを食うのではなく、そのままに打ちすてておいてあるのを、玉が失敬して片をつける事もあるようだし」という部分の登場人物は猫の三毛と玉、ねずみの三人です。傍線部Aの続きに「食う」とあることから、猫の三毛が食べる可能性が高いものとして③を選びましょう。

問四【①】

傍線部Bの前後を見てみましょう。「三毛だとからだのどの部分も障子の骨にさわる事なしに、するりと音もなくおどり抜けて、向こう側におり立つ足音もほとんど聞こえぬくらいに柔らかであるが、それが玉だとまるで様子がちがう。腹だか背だかあるいはあと足だか、どこかしらきっと障子の骨にぶつかってはげしい音を立て、そして足音高く縁側に、おりるというよりむしろ落ちるのである」とあります。傍線部Bの前では三毛の身のこなしが静かであること、傍線部Bの後ろでは玉は三毛とは逆であることを述べています。つまり、三毛の身のこなしについて説明がされています。①は三毛の身のこなしについての記述、②は玉の性格、③は玉の身のこなしについて書かれています。したがって、正解は①です。

問五【①】

最後の段落に注目しましょう。段落の最初のほうは、玉の性情について述べていますが、後半から三毛と玉の二匹の猫の性情の違いについて述べられています。筆者は「三毛と玉との場合にもおもな差別はやはり性の相違ばかりではなくて個性の差に帰せらるべきものかもしれない」と述べています。②は二匹の性情の差を性の違いとして述べていますので不適切です。③は第一段落で筆者は「それが私の家族の日常生活の上にかなりに鮮明な存在の影を映しはじめた。…私自身の内部生活にもなんらかのかすかな光のようなものを投げ込んだように思われた」と心の変化を述べていますが、「子猫のいない生活は考えられなくなった」とは本文中には書かれていないため不適切です。したがって、正解は①です。

2. 評論

この単元では、評論の解き方について学習していきます。評論とは、何かの価値・善悪・優劣などを論じる文章のことを指します。何について書かれているのか、著者はそのテーマに対してどのように考えているのかについてしっかりつかみ取りましょう。その上で、「なぜそのように考えているのか」まで整理ができれば、得点につながりますよ。

次の文を読んで、評論の解き方を学習していきましょう。

人間は快感を求め、不快感をなくそうと努力する。多くの人、特に若い人にとって、スピード感は快感の中の重要な一種になっている。自転車より自動車のほうが好まれる理由の一つは、スピードがより大きい点にある。日常生活のテンポが、だんだん速くなってきたこと自体を進歩と考える人が多いのも、同じ理由からであろう。

しかし、人間は年がら年じゅう走りまわっているわけにはいかない。毎日、何時間かは寝なければならない。起きているときでも、ときどきは休息したり、思いきって動作のテンポをおそくしたくなる。能のように動きの少ない、動きのおそい芸能が今日まで残ったことは、そういう高度のバランス感と関係があるであろう。

そういうことと関連して、わたしが前々から気にしていたのは、速さにもおそさにも限度があるはずだということである。速いほうも、おそいほうも、ある限度を越すと不快感に変わってしまうのではないか。人間の生理的なリズムからあまり離れてしまうことは、危険であるばかりでなく、生の感覚より死の感覚に、より近くなるのではないか。そういう限度は、人間の生理にもとづく以上、昔も今もあまり変わらないのではないか。

〈湯川秀樹『湯川秀樹自選集』より抜粋〉

問一　評論を通して、筆者は何を言いたいのでしょうか。

①　人間は速さよりも、おそさに快感をおぼえる。

②　速さにもおそさにも限度があり、ともに人間の生理的リズムよりかけ離れてしまうと、不快感になる。

問二　下線部「そういう限度は」とありますが、どういう限度なのでしょうか。

①　人間の生理的なリズムという限度

②　スピード感をもとめる人間の限度

ポイント

評論は、何か一つのテーマに関して「筆者が主張したいこと（伝えたいこと）」が書かれた文章です。文章全体の構成としては、どこか**一つ以上の段落に、「筆者が主張したいこと」が必ず含まれています。**その他の段落は、「筆者が主張したいこと」を読者に納得させるような「説明」と「理由」が書いてあります。

次の二つの手順で読み解きましょう。

手順1　文章全体を読んで、何のテーマについて書かれているかを判断する。

手順2　そのテーマの中で、段落ごとにどのような展開・関係になっているかに気をつけながら、問題文を読みとく。

問一の解き方

さて、**手順1**に従って問一を考えていきましょう。この文章では「人間の生活リズムと速度との関係」がテーマとなっています。

段落ごとに内容を見ていきましょう。

第一段落　「快感＝スピード＝進歩」として捉える人間について
第二段落　「動作を遅くする＝休息」を求める人間について
第三段落　「速さにもおそさにも限度がある＝人間の生理的リズム」と考えるわたし（筆者）について書かれています。

次に、**手順２**に従って「人間の生活リズムと速度の関係」というテーマのなかで、段落ごとの展開を見ていきましょう。

第一段落　進歩＝速さと考える人が多い
第二段落　休息＝おそさを求めることもある…進歩（＝速さ）とのバランスが必要
第三段落　速さにもおそさにも限度がある

各段落の内容を速度のみに絞って、まとめてみると、次のようになります。

第一段落……「速さ」のことのみ
第二段落……「おそさ」のことのみ
第三段落……「速さとおそさ」の両方

評論は一つの段落で「筆者の主張したいこと」を伝えたら、他の段落は「筆者が主張したいこと」を読者に納得させるような「説明」、「理由」が書いてあるのでしたね。つまり、筆者は、第三段落で「速さとおそさ」の両方について主張したいので、第一段落で「速さの説明」、第二段落で「おそさの説明」をしているのです。したがって、正解は②となります。

問二の解き方

「あれ・これ・それ」といった、指示語に注目しながら考えてみましょう。まず、該当箇所を見てみると、「そういう限度は、人間の生理にもとづく以上、昔も今もあまり変わらないのではないか。」とあります。ここにある、「そういう」も指示語ですので、これが何を表しているのか考えてみましょう。

指示語が示そうとするものは、指示語の前の文章に含まれていることが多いです。

該当箇所より前の部分で「限度」について書かれている項目を探すと、すぐ前の文章に「**人間の生理的なリズムからあまり離れてしまうことは、危険であるばかりでなく、生の感覚より死の感覚に、より近くなるのではないか。**」と書かれています。たとえば、どれほど生理的リズムから離れようと「生の感覚」でいられるのならば、そこに限界はありません。ただし、ここでは、「**人間の生理的リズムからあまり離れ**」てしまうと、「**生の感覚**」ではなく、「**死の感覚**」に近くなってしまうという限界があると言っているのです。これが、「限度」ということですね。したがって、正解は①となります。

なお、さきほど問一を解いたとき、**手順1**と**手順2**で第三段落では、筆者は「速さとおそさ」について主張していることがわかりましたね。この時点で、問二の②の選択肢「スピード感をもとめる人間の限度」は誤りであるとわかります。なぜなら、「速さ」の限度についてしか書かれておらず、「おそさ」の限度があることは書かれていないからです。

Step

基礎問題

■ 次の文章を読んで、問一～五に答えなさい。

（　　）問中（　　）問正解

わたしたちの社会では〈顔〉はあきらかに顔面に縮こまっている。Ⓐそのいい証拠が運転免許証や学生証などの身分証明書だ。そこには氏名・住所や生年月日が記載されているとともに、かならずそのひとの顔写真が貼りつけてある。まちがっても手や脚、背中や後頭部の写真ではない。

興味深いのは、〈顔〉が顔面に収縮してくるとともに、顔面がむきだしになってきたことだ。濃い髭には表情を隠す効果がある。髭を伸ばすというのはかつて男のノーマルな顔であったが、二十世紀のある時期から髭を剃った顔が標準的となった。素顔をさらすとはいえ、髭を剃るわけであるから、あきらかにそれは細工した顔、加工した顔である。それがわたしたちの社会では標準となっている。

しかしこれはわたしたちの社会に特殊な顔の感覚ではないだろうか。Ⓑというのも、表情のすべてを他人にさらしてしまうというのは、きわめて危険なことだからである。表情はその微妙な動きをじぶんで制御するというのがとてもむずかしい。だいいち、じぶんがいまどのような表情をしているのか、その生きた顔をじぶんではどうしても見ることができない。逆に他人のほうは、わたしの心情の変化を刻々と映しだすわたしのその顔をその微細な変化まで、咄嗟に精密に読んでしまう。つまり、無防備なのである。顔を他人にさらしているというのは、だから、本来からいえば、中近東の一部でいまも習慣になっているように、顔を覆い隠すことのほうが理にかなっているのである。

にもかかわらず、［　　　］。こういう習慣は、都市生活の巨大化と関係がある。都市は、民族も文化も階層も出自がさまざまに異なるひとびとが、隣りあわせで生活する空間である。こういう空間で、隠さねばならないような邪悪な意志をもっていないこと、同じ秩序を共有する意志があることをあらわすために、ひとびとは顔をむきだしにし、同じスタイルの衣裳を身にまとう（背広は都市生活の制服なのだ）。だから覆面も、それから眉毛を剃った白塗りの顔も、ともに表情を隠すがゆえに危険で、挑発的で、不気味なのである。

　実際現代の都市には顔があふれている。広告ポスター、雑誌の表紙、CDのジャケット、TVの画面と、とにかく顔が氾濫している。タレント、歌手、スポーツ選手、ニュースキャスター、政治家、指名手配者……の顔、顔、顔。しかしⓒこうしたポートレイトや画像群は、ほんとうに〈顔〉の現象なのだろうか。むしろこれらは記号の現象なのではないだろうか。あるいはある意味類型としての顔?実際、以前の「しょうゆ顔・ソース顔」ではないが、どの時代にも流行りの顔がある。あるいはその年その年に顔の作り方(メイクの流行)がある。アイドルの顔が、詳しい情報をもたないひとにはほとんど区別がつかないのも、たぶん同じ理由による。

　それらが顔面の像であることはまちがいない。が、見るわたしと見られるその他者の顔とのあいだには、なんの関係も生じない。つまり見る・・・見られるという一方的な関係があるのみだ。交感が生じないのである。見るものが見られるものまなざしにふれてうろたえるという、そういう磁力のような相互的な関係が存在しない。盗み見という関係しかそこには存在しないのである。

　関係が生じないというのは、顔としてのもっとも本質的な特性を欠いているということだ。関係が顔にとって本質的であるというのは、理由がある。じぶんの顔はじぶんでは見えない。じぶんの顔は、じぶんの顔をまなざす他人の顔のその変化を見ることで、わたしが想像するものでしかない。つまりわたしの顔じたいが、他者の顔を介してはじめて手に入れられるものであるのであり、他者の顔についても同じことがいえるのだから、本質的に顔は関係のなかにあるのであって、けっしてそれだけで自足している存在ではないわけである。

　とすれば、いまもしひとびとが〈顔〉という現象に関心をもつようになっているとしても、それは記号としての顔への飢えからくるものではないだろう。逆に、そういう記号としての顔の氾濫のなかで失われてしまった〈顔〉への渇き、それをそこそこに読みとるべきではないのか。それはたぶん、画像やイメージ記号といった静的なものにならない顔、類型やタイプに還元されないような顔である。いいかえると、わたしと面と向きあうことでわたしをうろたえさせてしまうような顔であり、わたしに背後から迫ってくる顔であり、だれかの存在の代わりのきかぬ個別性そのものであるような顔である。

〈鷲田清一『ひとはなぜ服を着るのか』 大検 平成十一年より抜粋〉

問一　傍線部Ａが指すものとして最も適切なものを次の①〜③のうちから一つ選びなさい。

①　わたしたちの社会において、〈顔〉とは顔面を指している。

②　身分証明書には全ての個人情報が記載されている。

③　身分証明書には髭を剃った顔写真を貼り付けなければならない。

問二　傍線部Ｂの理由として**不適切なもの**を次の①〜③のうちから一つ選びなさい。

①　表情はその微妙な動きをじぶんで制御するというのが難しく、またじぶんがいまどのような表情をしているのか見ることができないから。

②　他人は、わたしの心情の変化を映しだすその顔をその微細な変化まで咄嗟に精密に読んでしまうから。

③　髭を剃るという細工・加工した顔がわたしたちの社会では標準となっているから。

問三　傍線部Ｂにも関わらず人が顔をさらす理由として**不適切なもの**を次の①〜③のうちから一つ選びなさい。

①　民族も文化も階層も異なるひとびとが、隣りあわせで生活する空間で邪悪な意志をもっていないことをあらわすため。

②　民族も文化も階層も異なるひとびとが、隣りあわせで生活する空間で同じ秩序を共有する意志があることをあらわすため。

③　民族も文化も階層も異なるひとびとが、隣りあわせで生活する空間で表情を隠すのは危険で、挑発的で、不気味であるため。

問四　文中の空欄［　　］に入る文として、最も適当なものを、次の①〜③のうちから一つ選びなさい。

①　わたしたちはじぶんの顔を露出する。

②　わたしたちは心情の変化を直感的に読みとる。

③　わたしたちは顔を覆い隠して生活している。

問五　傍線部Cについて、筆者がそのように考える理由として最も適当なものを、次の①～③のうちから一つ選びなさい。

① 見るわたしと見られるその他者の顔は、見る・・・見られるという一方的な関係だから。

② アイドルの顔が、詳しい情報をもたないひとにはほとんど区別がつかないから。

③ ひとびとが〈顔〉に関心をもつのは、向きあう時に相手をうろたえさせてしまわないように記号のひとつになりたいから。

Jump

レベルアップ問題

■ 次の評論を読んで、問一～五に答えなさい。

（　　）問中（　　）問正解

世の中では芸術家とか文学家とか云うものを閑人と号して、何かいらざる事でもしているもののように考えています。実を云うと芸術家よりも文学家よりもいらぬ事をしている人間はいくらでもあるのです。朝から晩まで車を飛ばせて馳け廻っている連中のうちで、文学者や芸術家よりもいらざる事をしている連中がいくらあるか知れません。自分だけが国家有用の材だなどと自惚れて急がしげに生存上十人前くらいの権利があるかのごとくふるまってもとうてい駄目なのです。彼らの有用とか無用とかいう意味は極めて幼稚な意味で云うのですから駄目であります。怒るなら、怒ってもよろしい、いくら怒っても駄目であります。怒るのは理窟が分からんから怒るのです。怒るよりも頭を下げてその訳でも聞きに来たらよかろうと思います。恐れ入って聞きにくればいつでも教えてやってよろしい。――私なども学校をやめて、縁側にごろごろ昼寝をしていると云って、友達がみんな笑います。――笑うのじゃない、実は羨ましいのかも知れません。――なるほど昼寝は致します。昼寝ばかりではない、朝寝も宵寝も致します。しかし寝ながらにして、えらい理想でも実現する方法を考えたら、二六時中車を飛ばして電車と競争している国家有用の才よりえらいかも知れない。私はただ寝ているのではない、えらい事を考えようと思って寝ているのである。不幸にしてまだ考えつかないだけである。なかなかもって閑人ではない。諸君も閑人ではない。閑人と思うのは、思う方が閑人である、でなければ愚人である。文芸家は閑が必要かも知れませんが、閑人じゃありません。ひま人と云うのは世の中に貢献する事のできない人を云うのです。いかに生きてしかるべきかの解釈を与えて、平民に生存の意義を教える事のできない人を云うのです。こう云う人は肩で呼吸をして働いていたって閑人です。文芸家はいくら縁側に昼寝をしていたって閑人じゃない。文芸家のひまとのらくら華族や、ずぼら金持のひまといっしょにされちゃ大変だ。だから芸術家が自分を閑人と考えるようじゃ、自分で自分の天職を抛つようなもので、御天道様にすまない事になります。芸術家はどこまでも閑人じゃないときめなくっちゃいけない。いくら縁側に昼寝をしても閑人じゃないときめなくっちゃいけない。しかしこれだけ大胆にひま人じゃないと主張するためには、主張するだけの確信がなければなりません。言葉を換えて云うといかにして生くべきかの問題を解釈して、誰が何と云っても、自分の理想の方が、ずっと高いから、ちっとも動かない、驚かない、何だ人生の意義も理想もわからぬくせに、生意気を云うなと超然と構えるだけに腹ができていなければなりません。これだけにできていなければ、いくら技巧があっても、書いたものに品位がない。ないはずである。こう書いたら笑われるだろう、ああ云ったら叱られるだろうと、びくびくして筆を執るから、あの男は腹の中がかたまっておらん、理想が生煮だ、という弱点が書物の上に見え透くように写っている、［A］いかにも意気地がない。いくら技巧があったって、これじゃ人を引きつけることもできん、いわんや感化をやであります。Bこんな文芸家を称して閑人と云うのであります。正木君の云われた市気匠気と云うのは、かかる閑人の文芸家に着いて廻るのであります。要するに我々に必要なのは理想である。理想は文に存するものでもない、絵に存するものでもない、理想を有している人間に着いているものである。だからして技巧の力を藉りて理想を実現するのは人格の一部を実現するのである。人格にない事を、ただ句を綴り章を繋いで、上滑りのするようにかきこなしたって、閑人に過ぎません。俗にCこれを柄にないと申します。柄にない事は、やっても閑人でやらなくても閑人だから、やらない方が手数が省けるだけ得になります。ただ新しい理想か、深い理想か、広い理想があって、これを世の中に実現しようと思っても、世の中が馬鹿でこれを実現させない時に、技巧は始めてこの人のため至大な用をなすのであります。一般の世が自分が実世界における発展を妨げる時、自分の理想は技巧を通じて文芸上の作物としてあらわるるほかに路がないのであります。そうして百人に一人でも、千人に一人でも、この作物に対して、ある程度以上に意識の連続において一致するならば、一歩進んで全然その作物の奥より閃めき出ずる真と善と美と壮に合して、未来の生活上に消えがたき痕跡を残すならば、なお進んで還元的感化の妙境に達し得るならば、文芸家の精神気魄は無形の伝染により、社会の大意識に影響するが故に、永久の生命を人類内面の歴史中に得て、ここに自己の使命を完うしたるものであります。

〈夏目漱石『文芸の哲学的基礎』より抜粋〉

問一　筆者は「閑人」「ひま人」についてどのように考えているか、最も適切なものを①〜③のうちから一つ選びなさい。
①　朝寝、昼寝、宵寝をしている人を閑人、ひま人という。
②　文芸家は世の中に貢献することができない閑人、ひま人である。
③　人を引きつけ感化できない文芸家は閑人、ひま人と言われても仕方ない。

問二　［A］に当てはまる接続語として適切なものを①〜③のうちから一つ選びなさい。
①　したがって　②　しかし　③　それとも

問三　傍線部Bこんな文芸家とは、どんな文芸家のことを言うのか、最も適切なものを①〜③のうちから一つ選びなさい。
①　理想が生煮えで、意気地がなく、世間の目ばかり気にする文芸家。
②　縁側にごろごろ昼寝をしている文芸家。
③　だれがなんと言っても自分の理想の方が高いから全く動じない文芸家。

問四　傍線部Cが指している内容として最も適切なものを①〜③のうちから一つ選びなさい。
①　理想は文や絵に存するものでもないことを理解していないこと。
②　理想を有している人間になること。
③　人格にない事を、ただ句を綴り章を繋いで、上滑りのするようにかきこなすこと。

問五　芸術家、文芸家がどのように思われているか文中から読み取れる内容として最も適切なものを①〜③のうちから一つ選びなさい。
①　誰もが憧れる存在である。
②　閑人だ、いらないことをしていると思われることもある。
③　国家有用であり、生存上十人前くらいの権利があると思われている。

基礎問題　解説

問一【①】

指示語の問題は、それと入れ替えて読んでも違和感のないものを探しましょう。①を傍線部に入れると、「わたしたちの社会において、〈顔〉とは顔面を指しているというい証拠が運転免許や学生証などの身分証明書だ」、②を傍線部に入れると「身分証明書には全ての個人情報が記載されているというい証拠が運転免許や学生証などの身分証明書だ」、③を傍線部に入れると「身分証明書にはひげを剃った顔写真をはりつけなければならないというい証拠が運転免許や学生証などの身分証明書だ」となります。傍線部A以降を読むと、身分証明書には氏名・住所・生年月日が書かれているということ、そこに顔写真が貼り付けられていると書かれています。その先に「まちがっても手や脚、背中や後頭部の写真ではない」とあり、顔写真についての話がつづいていることから正解を導きましょう。

問二【③】

不適切なものを選ぶ問題であることに注意しましょう。表情をさらすことでどのような危険があるのかが書かれているのが「表情はその微妙な動きをじぶんで制御するというのがとてもむずかしい。…（中略）…つまり、無防備なのである」という部分です。③については表情をさらすことの危険性とは関係がないので不適切です。

問三【③】

不適切なものを選ぶ問題であることに注意しましょう。顔をさらす理由として「こういう習慣は、都市生活の巨大化と関係がある。…（中略）…だから覆面も、それから眉毛を剃った白塗りの顔も、ともに表情を隠すがゆえに危険で、挑発的で、不気味なのである」という部分に書かれています。③は現代の都市生活の中で顔を隠すことでどのような弊害があるかについて書かれていますので不適切な選択肢となります。

問四【①】

空欄の前の「にもかかわらず」に注意しましょう。「にもかかわらず」は逆接の接続語なので、空欄には前の段落で述べられている内容とは逆のことが述べられていることが想像出来ます。前の段落を見てみましょう。「つまり、無防備なのである。顔を他人にさらしているというのは、だから、本来からいえば、中近東の一部でいまも習慣になっているように、顔を覆い隠すことのほうが理にかなっているのである。」とあります。空欄には「顔を隠す方が理にかなっている」とは逆の「顔を隠さない」ことが述べられているはずです。この観点から選択肢を見てみると、「顔を隠さない」と同じ内容としては①「わたしたちはじぶんの顔を露出する」が正解となります。

問五【①】

筆者が顔についてどのように考えているかみてみましょう。「関係が生じないというのは、顔としてのもっとも本質的な特性を欠いているということだ」という一文があります。一方、広告ポスター、雑誌の表紙、ＣＤのジャケット、ＴＶの画面などに見られるポートレイトや画像群については「それらが顔面の像であることはまちがいない。が、見るわたしと見られるその他者の顔とのあいだには、なんの関係も生じない。…相互的な関係が存在しない」と述べています。②、③はこの内容には当てはまりません。

レベルアップ問題　解説

問一【③】

①について、「寝ながらにして、えらい理想でも実現する方法を考えたら、…（中略）…なかなかもって閑人ではない。」と書かれていますので不適切です。②について、「文芸家は閑が必要かも知れませんが、閑人じゃありません。ひま人と云うのは世の中に貢献する事のできない人を云うのです」と書かれていますので不適切です。③について、「いくら技巧があったって、これじゃ人を引きつけることもできん、いわんや感化をやであります。こんな文芸家を称して閑人と云うの

であります」と書かれています。したがって、正解は③です。

問二【①】

Aの前後を見てみましょう。「こう書いたら笑われるだろう、ああ云ったら叱られるだろうと、びくびくして筆を執るから、あの男は腹の中がかたまっておらん、理想が生煮だ、という弱点が書物の上に見え透くように写っている、 A いかにも意気地がない」と書かれています。Aの前と後の文章は、前の事柄が理由となった当然の結果が後ろに続く、「順接」というかたちになっていますので、①が適切となります。

問三【①】

指示語の問題です。「こんな」が指しているものを探します。基本的に、「あれ・これ・それ」といった指示語が示そうとするものは、該当箇所より前に含まれているのでしたね。前文を見ると、「いくら技巧があったって、これじゃ人を引きつけることも出来ん、いわんや感化をやであります。」「こう書いたら笑われるだろう、ああ言ったら叱られるだろうと、びくびくして筆を執るから、あの男は腹の中が固まっておらん、理想が生煮えだ、という弱点が書物の上に見え透くように写っている。したがっていかにも意気地がない。」とあります。つまり、こんな文芸家とは「技巧があっても、世間の目を気にしてばかりで、理想が生煮えで、意気地がない文芸家」のことを意味します。そして、「こんな文芸家を称して閑人と云う」と筆者は述べています。「閑人」については、第一段落の十行目から「私はただ寝ているのではない、えらい事を考えようと思って寝ているのである。…（中略）…文芸家は閑が必要かも知れませんが、閑人じゃありません。ひま人と云うのは世の中に貢献する事のできない人を云うのです。」とあります。まとめると、筆者は「技巧があっても、世間の目を気にしてばかりで、理想が生煮えで、意気地がない文芸家は、閑人（＝世の中に貢献することが出来ない）」と考えています。

問四【③】

指示語の問題は、それと入れ替えて読んでも違和感のないものを探しましょう。傍線部Cの後ろに「柄にないと申します」とあります。現代では「柄にもない」という使い方で、ふさわしくない、似合わないというときに使われます。では、筆者は何が我々（文芸家）にふさわしくないと言っているのでしょうか？傍線部Cの直前に「人格にもないことを、ただ句を綴り章を繋いで、上滑りのするように書きこなしたって、閑人に過ぎません。」とあります。したがって正解は③です。

問五【②】

①については全く書かれていません。②については「世の中では芸術家とか文学家とか云うものを閑人と号して、何かいらざる事でもしているもののように考えています」という部分から読み取ることができます。③については「朝から晩まで車を飛ばせて馳け廻っている連中のうちで…（中略）…とうてい駄目なのです」と書かれている部分がありますが、これは芸術家・文芸家についての記述ではありません。したがって正解は②です。

3. 小説

この単元では、小説を題材とした問題の解き方について学習していきます。登場人物の行動や心情の変化を追っていきましょう。直接的な表現だけではなく、間接的に何かに例える表現も用いられますので、行間もしっかり読むようにしましょう。

次の文を読んで、小説の解き方を学習していきましょう。

村と、村が抱えている入江を一望のもとに見渡せる丘の上にある小学校では、この時期になると、子供たちがやたらに教室の中といわず、運動場といわず、学校内を走りまわって騒ぎたてた。冬期休暇も近づいていたし、正月ももう目の前にやって来ているというれしさで、どの子供たちもじっとしてはいられなかった。

五年生の啓次にとっては、Aこの時期が一年中で一番生きがいを感じる時期であった。学校で友達の顔さえ見れば、「お前んちの餅は、おらんちでついてやるんだぞ」と、誇りをもって言った。お前んとこのもそうだ、お前んとこのもそうだ、啓次は一人一人をきめつけた。「そうだ、おれんとこの餅、啓ちゃんちでつくんだ」中には、啓次の言ったことを復唱するように言う者もあった。「お前んちの餅は、おらんちでついてやるんだぞ」啓次は学校のある間、毎日のように何十回となく同じ言葉を口から出した。

この村ではほとんどの家が漁業によってB生計を立てていたが、啓次の家は農業だった。海に向かっている丘陵の斜面に、少しばかりのたんぼと畑を持って、啓次の両親と、啓次よりずっと年上の兄とが農業をしていた。啓次の家では、毎年暮れになると、部落の家のあちこちから頼まれて餅をついた。たんぼから上がる収益は、一家の者の糊口をどうにかかささえることができるというだけのもので、この餅つきからあがる収益によって、初めて啓次親子に正月がやって来ることになっていた。だから、啓次の家にとっては、暮れの賃餅は決してばかにならぬ重要な副業であった。

　啓次は自分の家で部落の家の餅をつくことが、何となく誇らしかった。毎年二十五日ごろから、啓次の家では、毎日毎日朝早くから夜遅くまで杵の音を響かせた。そのために、近所の家の娘たちも何人か手伝いに来てにぎやかだった。

　啓次は学校で、父や母たちの会話から得た情報を友達に披露した。お前んちの餅は二十八日だとか、お前んとこのは二十九日の夜になるぞとか。そんなことを触れまわった。

　学校が休みになった二日めに、啓次は杵の音で目を覚ました。その日から、家は本格的な忙しさになった。杵の音は朝から晩まで、絶え間なく景気よく響いた。啓次は母親から家にいるとじゃまだからと外へ出て遊ぶことを強要された。啓次は啓次で充分に忙しかった。餅つきの進行状況を、部落の友達に伝えるために飛び回らねばならなかった。


〈井上靖『ハムちゃんの正月』〉

問一　傍線部Ａにおいて、啓次は「この時期」にどのような気持ちを抱いていたのでしょうか。
①　自分の家の役割がみんなの家のためになっていることが誇らしい
②　自分の家だけが、農業で生計を立てているという恥ずかしさ

問二　傍線部Ｂ「生計を立てる」という言葉と同じ意味の言葉を、文章内より漢字二字で探しなさい。
①　収益
②　糊口

ポイント

　小説では登場人物の心の動きや行動から出題されます。たとえば、「幸せ」という気持ちを、「心はバラ色のようだ」と言いかえるなど、様々な表現を使って登場人物の気持ちを書き表しています。次の二つの手順で、登場人物の気持ちを理解していきましょう。

手順1 問題となっている文章内の状況に関係する語句を、前後の文章より探す。
手順2 ある程度把握した状況から、登場人物の気持ちを推測する。

次の文章を例にして、**手順1、2**を行ってみましょう。

例 今日はテストがある。雨雲の広がった空はどんよりしていて、まるで僕の心を表しているかのようだった。今にも泣き出しそうな空に、僕はそっとため息をついた。

手順1に従って、僕の心に関する語句を探していきましょう。「まるで」空のようと書いてあるので、今度は「空」の状況を把握していきます。すると、「今にも泣き出しそう」「雨雲の広がった空はどんより」とあります。

次に**手順2**に従って「僕」の気持ちを推測していきましょう。晴れやかな気持ちではなく、ふとしたことで泣き出しそうなくらいだということなので、「僕」は「悲しい、落ち込んだ」気持ちなのだと推測できます。

ポイント

「あれ・これ・それ」という指示語が「何を指しているのか」をたずねてくる問いについては、前の単元でも学習しました。次の**手順A**、**手順B**で読み解いていきましょう。

手順A 基本的に、「あれ・これ・それ」という言葉は、**前に出てきた単語を言い換えたもの**なので、「あれ・これ・それ」より前の文章から、何を指しているものかを探す。
手順B 「これだ！」と思う単語があれば、一度「あれ・これ・それ」の言葉と置き換えてみて、正しいかどうか考える。

次の文章を例にして、**手順A、B**を行ってみましょう。

例 小学校では体育は苦手だった。しかし、私は中学時代から、水泳をしてきた。このことが、私の体を強くしたのだ。

「このこと」という指示語より前にあるのは

- 「水泳をしてきたこと」
- 「体育が苦手だったこと」

の二つです。これらを「このこと」と置き換えて文章を作ってみるとこうなります。

- 「水泳をしてきたことが、私の体を強くしたのだ」
- 「体育が苦手だったことが、私の体を強くしたのだ」

体育が嫌いという理由だけで、体が強くなるのはおかしいですよね。水泳をしていたから体が強くなった、というのは正しいように推察できます。

問一の解き方

45ページの問いについて考えていきましょう。啓次は「この時期」にどのような気持ちを抱いていたのか、選択肢と照らし合わせて考えてみましょう。

選択肢①の**自分の家の役割がみんなの家のためになっていることが誇らしいからは優越感が、**選択肢②の**自分の家だけが、農業で生計を立てているという恥ずかしさからは劣等感が読みとれます。**

では、**手順A**に従って「この時期」が指している時期を考えてみます。

前の文章から時期に関する語句を探すと、「**冬期休暇も近づいていたし、正月ももう目の前にやって来ている**」とあります。

次に、**手順B**に従って指示語と置き換えると、

「五年生の啓次にとっては、冬期休暇も近づいていたし、正月ももう目の前にやって来ている時期が一年中で一番生きがいを感じる時期であった。学校で友達の顔さえ見れば、『お前んちの餅は、おらんちでついてやるんだぞ』と、誇りをもって言った」となり、「正月ももう目の前」＝「餅が必要になる」と、時期が合致しているので、「この時期」は、「冬期休暇も近づいていたし、正月ももう目の前にやって来ている」頃だというのはが正しいことがわかりました。

次に、**手順1**、**手順2**を使って啓次の気持ちを読み取っていきます。
手順1に従ってこの時期の啓次の状況に関係するものを探すと、**「学校で友達の顔さえ見れば、『お前んちの餅は、おらんちでついてやるんだぞ』と、誇りをもって言った」**とあります。
手順2に従って啓次の気持ちを推察すると、他人の家の餅をつくということが誇らしい時期なので、「優越感」をもっていることが分かります。したがって、正解は①となります。

問二の解き方

ここでは、**手順1**のみを使って解いていきます。

「生計を立てていた」の近くを見てみましょう。**「ほとんどの家が漁業で生計を立てていた」**のに対し、**「啓次の家は農業だった」**とあります。

啓次の家の「生計を立てていた」状況を表しているものを探してみましょう。**「たんぼから上がる収益は、一家の者の糊口をどうにかささえることができるというだけのもので、この餅つきからあがる収益によって、初めて啓次親子に正月がやって来ることになっていた」**とあります。

「収益」か「糊口《ここう》」のどちらかで迷うところですが、ただ単に手に入れた利益のことを指す「収益」では、「生計＝生活をしていくための手段」を表しているとは言いがたいですね。したがって、正解は②の「糊口」となります。

「糊口」とは、「口を糊する（＝ お粥をすする）」という意味から、「ほそぼそと生活を営む」ことや「生計を立てる」という意味があります。

読解問題では、たくさんの言葉から状況や心情を把握していくことが必要になります。そのためには、いろいろな言葉の意味を知らなければなりません。問題を解いたり、本を読んでいるときに知らない言葉が出てきたりしたら、そのままにせずその都度意味を調べるようにしましょう。

Step

基礎問題

（　）問中（　）問正解

■ 次の文章を読んで、問一～問二に答えなさい。

和尚さんは子供がなかったので、私をむやみに可愛がってくれた。私が学校からの帰りが遅いと、よく私の家へ来られた。

「まだ帰りませんかね」

などと姉にたずねていた。

そういうとき、私はすぐにお寺へ、学校の道具を投げ出すと飛んで行った。

「和尚さんただいま。」

私は和尚さんの炉のよこへ坐った。

「よく来たの。いまちょいと迎えに行ったところだった」

和尚さんは、いろいろな菓子などをくれた。それから古い仮名のついた弘法大師の朱色の表紙をした伝記などを貰った。


〈室生犀星『或る少女の死まで』より〉

問一　和尚さんはどのような気持ちで「まだ帰りませんかね」とたずねたのか、最も適切なものを次の①～③のうち一つ選びなさい。

① 私に勉強を教えなければならないという使命感をもっていたから。
② 私と会うのを楽しみにしており、帰ってくるのが待ちきれなかったから。
③ 私と一緒に菓子を食べたり、学校の話を聞く約束をしていたから。

5

問二　私はどのような気持ちで「和尚さんただいま」と言ったのか、最も適切なものを次の①～③のうち一つ選びなさい。

① 本当は和尚さんに会いたくなかったのでいやいや言った。
② 和尚さんに会うのが楽しみで、うきうきした気持ちで言った。
③ 和尚さんがいろいろなものをくれるのが心苦しく、どう断ろうかと悩みながら言った。

■ 次の文章に読んで、問三～問五に答えなさい。

　それから当分の間あいだ三四郎は毎日学校へ通って、律儀に講義を聞いた。必修科目以外のものへも時々出席して見た。それでも、まだ物足りない。そこで遂には専攻科目にまるで縁故のないものまでへも折々は顔を出した。しかし、たいていは二度か三度でやめてしまった。一カ月と続いたのは少しもなかった。それでも平均一週に約四十時間ほどになる。如何な勤勉な三四郎にも四十時間はちと多すぎる。三四郎は絶えず一種の圧迫を感じていた。しかるに物足りない。[A]三四郎は楽まなくなった。或る日佐々木与次郎に逢てその話をすると、与次郎は四十時間と聞いて、眼を丸くして、「馬鹿々々」といったが、「[B]下宿屋のまずい飯を一日に十返食ったら物足りるようになるか考えて見ろ」といきなり警句でもって三四郎を打どやしつけた。三四郎はすぐさま恐れ入って、「どうしたら善かろう」と相談をかけた。

「電車に乗るがいい」と与次郎は言った。三四郎は何か[C]寓意でもある事と思って、しばらく考えて見たが、別にこれという思案も思い浮かばないので、

「本当の電車か」と聞き直した。その時与次郎はげらげら笑って、

「電車に乗つて、東京を十五、六返乗回しているうちには自ら物足りるようになるさ」という。

「何故」

「何故って、そう、活きてる頭を、死んだ講義で封じ込めちゃ、助からない。外へ出て風を入れるさ。その上に物足りる工夫はいくらでもあるが、まあ電車が一番の初歩でかつ尤も軽便だ」


〈夏目漱石『三四郎』より〉

問三　傍線部A「楽まなくなった」のはなぜか、最も適切なものを次の①〜③のうち一つ選びなさい。

①講義をどれほど受けても気持ちが満たされないから。

②下宿屋のまずい飯をどれだけ食べても気落ちが満たされないから。

③電車に乗って東京を十五、六返乗り回しても気持ちが満たされないから。

問四　与次郎が傍線部B「下宿屋のまずい飯を一日に十返食ったら物足りるようになるか考えて見ろ」という発言をしたのはなぜか、最も適切なものを次の①〜③のうち一つ選びなさい。

①三四郎が下宿屋に遠慮して飯がまずいと伝えられずにいるのにあきれたから。

②三四郎があまりに多くの講義を受けていることを知り、尊敬の気持ちを抱いたから。

③三四郎が専攻科目以外にも講義を受けているのは彼の気持ちを満たすのに良い方法ではないと感じたから。

問五　傍線部Cについて、「寓意」という言葉の意味が分からなかった場合に、意味を予想する手順と「寓意」の意味として最も適切なものを次の①〜③のうち一つ選びなさい。

①三四郎が講義の話をしているのに対し、与次郎は下宿屋の飯の話をしたことから、「寓意」は「的を射ない」という意味だと予想する。

②三四郎が講義を四十時間受けているという話に対し、与次郎は飯を十返食べたらどうなるかと問いかけたことから、「寓意」は「ある事象を数字を用いて説明する」ことだと予想する。

③三四郎が講義を受けても物足りないという話をしたのに対し、与次郎が電車の話をし「物足りるようになる」と発言したことから、下宿屋の飯の話も講義と関係のある話だと考えられ、与次郎は下宿屋の飯を死んだ講義にたとえていると考え、「寓意」は「たとえ話」という意味だと予想する。

Jump

レベルアップ問題

■次の小説を読んで、問一に答えなさい。

（　　）問中（　　）問正解

いつの間にか君は町に帰って例の調剤所の小さな部屋で、友だちのＫと向き合っている。Ｋは君のスケッチ帳を興奮した目つきでここかしこ見返している。

「寒かったろう。」

とＫが言う。君はまだ本当に自分に帰りきれないような顔つきで、

「うむ。……寒くはなかった。……その線の鈍ってるのは寒かったからではないんだ。」

と答える。

「鈍っていはしない。君がすっかり何もかも忘れてしまって、かけまわるように鉛筆をつかった様子がよく見えるよ。今日のはみんな非常にぼくの気に入ったよ。君も少しは満足したろう。」

「実際の山の形に比べてみたまえ。……ぼくは親父にも兄貴にもすまない。」

と君は急いで言いわけする。

「なんで？」

Ｋは怪訝そうにスケッチ帳から眼を上げて君の顔をしげしげと見守る。

君の心の中には苦い灰汁のようなものがわき出てくるのだ。漁にこそ出ないが、本当をいうと漁夫の家には一日として安閑としていい日とてはないのだ。今日も、君が一日を絵に暮らしていた間に、君の家では家じゅうでせわしく働いていたのに違いないのだ。

君は自分が絵に親しむことを道楽だとは思っていない。いないどころか、君にとってはそれは、生活よりもさらに厳粛な仕事であるのだ。しかし自然と抱き合い、自然を絵の上にいかすということは、君の住む所では君一人だけが知っている喜びであり悲しみであるのだ。ほかの人たちは―君の父上でも、兄妹でも、隣り近所の人でも―ただ不思議な子供じみた戯と

よりそれを見ていないのだ。君の考えどおりをその人たちの頭の中に堪能ができるように打ちこむというのは思いも及ばぬことだ。
君は理屈ではなんら恥ずべきことがないと思っている。しかし実際ではけっしてそうはいかない。芸術の神聖を信じ、芸術が実生活の上に玉座を占むべきものであるのを疑わない君も、その事がらが君自身に関係してくると、思わず知らず足もとがぐらついてくるのだ。

〈有島武郎『生まれいずる悩み』より〉

問一　傍線部「そうはいかない」が示す意味として最も適切なものを、次の①～③のうちから一つ選びなさい。

①　自分が道楽をしていて、その道楽で生活できるように思っているかもしれないが、実は絵を描くことで生活をするのはたいへんであるということ。

②　絵を描くことで生活するのは、立派な仕事だと本人は思っても、実は周囲の人間はそれを道楽だと思っているということ。

③　漁に出なくても、自然を描いているので自然と向き合っているように感じているかもしれないが、実は漁に出たほうが、本当の自然を描くには一番いいということ。

■ 次の小説を読んで、問二に答えなさい。

四月一日の入学式の日、私は新調の黒の小倉の服を着、帽子をかぶり、靴を履いて登校した。新入生は朝礼の時、老いた体操の教師によって整列する順を決められた。身長の最も高いものが最右翼に置かれ、それからあとは背の順で次々と並ばされた。
私ははじめ列の中頃に並んでいたが、体操の教師は私に眼を当てると、「その帽子はずっと下がって」と言った。どっと笑い声が起こった。私ははっきりと帽子と呼ばれたのが自分であることに気づいたので、すぐ自分の位置を変えた。

「もっと、もっと」

教師は言った。私は更に後尾近く自分を運んだ。

「もっと、もっと、こら、その帽子はずっと下がる」

笑い声が起こった。私は顔から火が出るような気持ちだった。最後尾から三番目に私の席は決められた。私が自分の位置に立っていると、老いた体操の教師は近づいてきて、私の前に立った。そして彼は視線を私の頭から足許に移し、あとはじっと私の足許を見下ろしていたが、

「その靴はこんど買ったのか」と言った。

「そうです」

「大きな靴買ったもんだな。体操ができるかな、それで」

こんどは体操の教師の言葉にはからかいの口調はなかった。

「できます」

私は必死の気持ちで言った。母は平生一銭でも倹約しようとしていた。父の月給も少額であったに違いなかったが、それに加えて、両親は私を育ててくれた祖母が残したかなりの額の借財を背負わされており、その方に毎月幾らかずつ差し引かれなければならなかった。そうしたことから、母が極端に生活費を切り詰めていることは子供の私にも判っていた。母は私の帽子にしても、靴にしても、出来得るならば五年間これで押し通さそうと考えていたに違いなかった。そうした母の考えに、私は私なりに気づいて、出来得るなら、自分もまた母の希望に添おうと思っていたのである。だから、私は自分の頭に合った帽子とか、自分の足に合った靴とかいうものは、最初から諦めていた。私は冬になったら父の着古した軍人の外套を染め直して着せられる運命にあることを予感し、既にそのことに対する心構えを準備していた。形は作り直すことによって、学生外套に似たものができるであろうと思われたが、問題はその生地の重さだった。私はそうした不安を母に訴えたこともあったが、母は上質の生地というものは重いにきまっていると言った。そう言われると返す言葉はなかった。

〈井上靖『帽子』より〉

問二　傍線部「そのことに対する心構えを準備していた」について、私はどのような心構えでいたのか、最も適切なものを次の①〜③のうちから一つ選びなさい。

① 重い生地で仕立てられた、学生外套を着せられ、合わないだろうという靴をはかせられること。

② 帽子や靴を5年間は学校のみんなに、笑われながら身に付けないといけないということ。

③ 自分に合ったものというのは着せられないで、父の着古したものなどを染め直して着せられるということ。

■ 次の小説を読んで、問三に答えなさい。

バスはかなりこんでいた。私は小泊まで約二時間、立ったままであった。中里から以北は、まったく私の生まれてはじめて見る土地だ。むかし豪族安東氏一族がこの辺に住んでいて、津軽平野の歴史の中心は、この中里から小泊までの間にあったらしい。

バスは山路をのぼって北へ進む。道が悪いとみえて、かなり激しくゆれる。私は網だなの横の棒にしっかりつかまり、背中をまるめてバスの窓から外の風景をのぞき見る。やっぱり北津軽だ。どこやら荒く、人の肌の匂いがないのである。山の樹木も、いばらも笹も、人間と全く無関係に生きている。東海岸の竜飛などにくらべると、ずっと優しいけれども、でも、この辺の草木も、やはり「風景」の一歩手前のもので、少しも旅人と会話しない。

やがて十三湖が冷え冷えと白く目前に展開する。浅い真珠貝に水を盛ったような、気品はあるがはかない感じの湖である。波ひとつない。ひっそりしていて、そうしてなかなかひろい。人に捨てられた孤独の水たまりである。流れる雲も飛ぶ鳥の影も、この湖の面には、写らぬというような感じだ。まもなく私は小泊へ着いた。ここは、本州の西海岸の最北端の港である。

私は、三つから八つまで、子守りとしてやとわれた「たけ」に養育された。それっきり、たけとは会っていない。たけと会うことを、私は今度の旅行の最後に残して、いま小泊へやってきたのである。

「修治だ。」私は笑って帽子をとった。

「あらあ。」それだけだった。笑いもしない。まじめな表情である。でも、すぐにその硬直の姿勢をくずして、さりげないような、へんに、あきらめたような弱い口調で、「さ、入って運動会を。」と言ってたけの小屋へ連れて行き、「ここさ、お坐わりなさい。」とたけのそばへ坐らせ、それきり何も言わず、きちんと正坐してそのモンペの丸いひざにちゃんと両手を置き、子どもたちの走るのを熱心に見ている。けれども、私にはなんの不満もない。まるで、もう安心してしまっている。足を投げ出して、ぼんやり運動会を見て、胸中に一つも思うことがなかった。もう、何がどうなってもいいんだ。というような全く無憂無風の情態である。平和とは、こんな気持ちのことを言うのであろうか。もし、そうなら、私はこの時、生まれてはじめて心の平和を体験したと言ってもよい。

〈太宰治『津軽』より〉

問三　傍線部「こんな気持ち」とは、どのような気持ちか、最も適切なものを次の①〜③のうちから一つ選びなさい。

①　遠い小泊へ着いてほっとした気持ち。

②　たけに久しぶりに会って喜んでいる気持ち。

③　子供が母親のそばで安心しきっているような気持ち。

■　次の小説を読んで、問四に答えなさい。

　それから幾分か過ぎた後であった。ふと何かに脅されたような心もちがして、思わずあたりを見まわすと、何時の間にか例の小娘が、向う側から席を私の隣へ移して、頻に窓を開けようとしている。が、重い硝子戸は中々思うようにあがらないらしい。あの皸だらけの頬は愈赤くなって、時々鼻洟をすすりこむ音が、小さな息の切れる声と一しょに、せわしなく耳へはいって来る。これは勿論私にも、幾分ながら同情を惹くに足るものには相違なかった。しかし汽車が今将に隧道の口へさしかかろうとしている事は、暮色の中に枯草ばかり明い両側の山腹が、間近く窓側に迫って来たのでも、すぐに合点の行く事であった。にも関らずこの小娘は、わざわざしめてある窓の戸を下そうとする、――その理由が私には呑みこめなかった。いや、それが私には、単にこの小娘の気まぐれだとしか考えられなかった。だから私は腹の底に依然として険しい感情を蓄えながら、あの霜焼けの手が硝子戸を擡げようとして悪戦苦闘する容子を、まるでそれが永久に成功しない事でも祈るような冷酷な眼で眺めていた。すると間もなく凄じい音をはためかせて、汽車が隧道へなだれこむと同時に、小娘の開けようとした硝子戸は、とうとうばたりと下へ落ちた。そうしてその四角な穴の中から、煤を溶したようなどす黒い空気が、俄に息苦しい煙になって、濛々と車内へ漲り出した。元来咽喉を害していた私は、手巾を顔に当てる暇さえなく、この煙を満面に浴びせられたおかげで、殆息もつけない程咳きこまなければならなかった。が、小娘は私に頓着する気色も見えず、窓から外へ首をのばして、闇を吹く風に銀杏返しの鬢の毛を戦がせながら、じっと汽車の進む方向を見やっている。その姿を煤煙と電燈の光との中に眺めた時、もう窓の外が見る見る明くなって、そこから土の匂や枯草の匂や水の匂が冷かに流れこんで来なかったなら、漸咳きやんだ私は、この見知らない小娘を頭ごなしに叱りつけてでも、又元の通り窓の戸をしめさせたのに相違なかったのである。

しかし汽車はその時分には、もう安々と隧道を辷りぬけて、枯草の山と山との間に挟まれた、或貧しい町はずれの踏切りに通りかかっていた。踏切りの近くには、いずれも見すぼらしい藁屋根や瓦屋根がごみごみと狭苦しく建てこんで、踏切り番が振るのであろう、唯一旒のうす白い旗が懶げに暮色を揺っていた。やっと隧道を出たと思う――その時その蕭索とした踏切りの柵の向うに、私は頬の赤い三人の男の子が、目白押しに並んで立っているのを見た。彼等は皆、この曇天に押しすくめられたかと思う程、揃って背が低かった。そうして又この町はずれの陰惨たる風物と同じような色の着物を着ていた。それが汽車の通るのを仰ぎ見ながら、一斉に手を挙げるが早いか、いたいけな喉を高く反らせて、何とも意味の分らない喊声を一生懸命に迸らせた。するとその瞬間である。窓から半身を乗り出していた例の娘が、あの霜焼けの手をつとのばして、勢よく左右に振ったと思うと、忽ち心を躍らすばかり暖な日の色に染まっている蜜柑が凡そ五つ六つ、汽車を見送った子供たちの上へばらばらと空から降って来た。私は思わず息を呑んだ。そうして刹那に一切を了解した。小娘は、恐らくはこれから奉公先へ赴こうとしている小娘は、その懐に蔵していた幾顆の蜜柑を窓から投げて、わざわざ踏切りまで見送りに来た弟たちの労に報いたのである。

暮色を帯びた町はずれの踏切りと、小鳥のように声を挙げた三人の子供たちと、そうしてその上に乱落する鮮な蜜柑の色と――すべては汽車の窓の外に、瞬く暇もなく通り過ぎた。が、私の心の上には、切ない程はっきりと、この光景が焼きつけられた。そうしてそこから、或得体の知れない朗な心もちが湧き上って来るのを意識した。私は昂然と頭を挙げて、まるで別人を見るようにあの小娘を注視した。小娘は何時かもう私の前の席に返って、相不変皹だらけの頬を萌黄色の毛糸の襟巻に埋めながら、大きな風呂敷包みを抱えた手に、しっかりと三等切符を握っている。……………

私はこの時始めて、云いようのない疲労と倦怠とを、そうして又不可解な、下等な、退屈な人生を僅に忘れる事が出来たのである。

〈芥川龍之介『蜜柑』より〉

問四　傍線部「頻に窓を開けようとしている」とあるが、小娘はなぜ汽車の窓を開けようとしていたのか。最も適切なものを次の①〜③のうちから一つ選びなさい。

①　小娘の気まぐれで開けようとしていた。
②　見送りに来た弟達に蜜柑を投げてやろうとした。
③　汽車の中が暑かったので新鮮な空気を入れようとした。

■　次の小説を読んで、問五に答えなさい。

ジョバンニは、口笛を吹いているようなさびしい口つきで、檜の真っ黒にならんだ町の坂をおりて来たのでした。

坂の下に大きな一つの街灯が、青白く光って立っていました。ぼくは立派な機関車だ、ここは勾配だから速いぞとジョバンニが思いながら、大股にその街灯の下を通り過ぎたとき、いきなり昼間のザネリが、新しいえりのとがったシャツを着て、電灯の向こう側の暗い小路から出て来て、ひらっとジョバンニとすれちがいました。

「ザネリ、烏瓜流しに行くの。」

ジョバンニがまだそう言ってしまわないうちに、その子が投げつけるように後ろから叫びました。

「ジョバンニ、おとうさんから、ラッコの上着が来るよ。」

ジョバンニは、ぱっと胸が冷たくなり、そこらじゅうきいんと鳴るように思いました。

「何だい、ザネリ。」

ジョバンニは高く叫び返しましたが、もうザネリは向こうのひばの植わった家の中へ入っていました。

ジョバンニは、せわしくいろいろなことを考えながら、さまざまな灯や木の枝ですっかりきれいに飾られた街を通って行きました。時計屋の店には明るくネオン灯がついて、一秒ごとに石でこさえたふくろうの赤い目が、くるっくるっとうごいたり、いろいろな宝石が海のような色をした厚いガラス盤に載って、星のようにゆっくりめぐったりするのでした。そのまん中に丸い黒い星座早見が青いアスパラガスの葉で飾ってありました。ジョバンニはわれを忘れてその星座の図に見入りました。

〈宮沢賢治『銀河鉄道の夜』より〉

問五 登場人物「ジョバンニ」の心情の変化として最も適切なものを①〜③のうちから一つ選びなさい。

① 落胆→驚き→怒り→励まし→寂しさ
② 喜び→驚き→なぐさめ→寂しさ→励まし
③ 寂しさ→励まし→傷つき→怒り→なぐさめ

基礎問題　解説

問一【②】

和尚さんが私に対してどのような気持ちであったのかを確認しましょう。一行目に「私をむやみに可愛がってくれた」とあります。ここから、和尚さんは私と会うのを楽しみにしていたということがわかります。①について、和尚さんと私が勉強をするといった内容は書かれていないので不適切です。また、③についても、約束をしていたということは書かれていないので不適切です。したがって、正解は②です。

問二【②】

和尚さんと会うのが嫌だ、心苦しいなどのマイナスの感情を持っていた場合は「私はすぐにお寺へ、学校の道具を投げ出すと飛んでいく」とは思えません。また、「ただいま」と言った後にお菓子や本をもらうといった楽しいできごとが書かれているので、和尚さんと会うことは、私にとっても楽しみであったことがわかります。したがって、正解は②です。

問三【①】

三四郎が何を楽しまなくなったのかを考えましょう。この話では、三四郎が多くの講義に出ていることが話題になっています。講義を受けた結果、物足りないと感じたことが一～四行目で書かれています。したがって、正解は①です。

問四【③】

与次郎が三四郎に対して飯の話をしたのは比喩表現です。「まずい飯」が何を指すのか考えてみましょう。「まずい」ということは「好きではない、興味がない」と考えられます。この物語の中で、好きではない、興味がないものとして出てくるのは「専攻科目にまるで縁故のない」講義です。したがって、正解は③です。

問五　【③】

文章を読んでいてわからない言葉があった時、なんとなく前後の文から意味を予想して読み進めているのではないでしょうか。この問題を通して、その手順を意識してみましょう。三四郎の「いくら講義を受けても満たされない」という悩みに与次郎は下宿屋の飯の話をし、一見講義とは関係のない話をかえしています。しかし、最後には「活きてる頭を、死んだ講義で封じ込めちゃ、助からない」と言っています。このことから、下宿屋の飯も三四郎の悩みと関係があると考えられます。「まずい飯をたくさん食べても物足りない」ということを「死んだ講義をいくら受けても満たされない」とたとえています。したがって、正解は③です。

レベルアップ問題　解説

問一　【②】

指示語の問題です。「そう」が指し示すものを探します。基本的に、「あれ・これ・それ」といった指示語が示そうとするものは、該当箇所より前に含まれているのでしたね。前文を見ると、「君は理屈ではなんら恥ずべきことがないと思っている」とあるので、「なんら恥ずべきことがないというわけにはいかない」という意味だと解釈できます。選択肢のなかでは「自分は立派な仕事と思っていても(恥ずべきことがない)、周囲は道楽だと思っている(恥ずべきことがないというわけにはいかない)」という②が最も近いので正解です。①③は、「道楽で生活できる」「自然と向き合っているように感じている」というくだりが、「恥ずかしい」という思いと関連性がないので不適切です。

問二　【③】

指示語の問題です。「そのこと」が指し示すものを探します。基本的に、「あれ・これ・それ」といった指示語が示そうとするものは、該当箇所より前に含まれているのでしたね。前文を見ると、「私は冬になったら父の着古した軍人の外套を染め直して着せられる運命にあることを予感し」とあります。つまり、「冬になったら父の着古した軍人の外套を染め直して着せられる運命」に対する「心構えを準備していた」と解釈できます。①について、着せられると思っていたのは学生外套ではなく、父の軍人外套なので不適切です。②について、「笑われながら身につけないといけない」という記述は本文内にありませんので不適切です。したがって、正解は③です。

問三【③】

指示語の問題です。「こんな」が指し示すものを探します。基本的に、「あれ・これ・それ」といった指示語が示そうとするものは、該当箇所より前に含まれているのでしたね。前文を見ると「私にはなんの不満もない。まるで、もう安心してしまっている。足を投げ出して、ぼんやり運動会を見て、胸中に一つも思うことがなかった。もう、何がどうなってもいいんだ。というような全く無憂無風の情態である。平和とは」とあります。つまり、「安心しきって、何がどうなってもいい、平和な気持ち」なのです。一方、選択肢の感情は、それぞれ①は「小泊に着いてほっとした気持ち＝安堵」、②は「たけに会って喜んでいる気持ち＝感激」、③は「子供が母親のそばで安心しきっているような気持ち＝安心・安堵」と解釈できます。この時点で「安心」という気持ちを含まない②は不適切と判断します。残る①と③で迷うところですが、①はどちらかというと一瞬ほっとした…という感じがするのに対し、③はそこにいる間ずっとほっとしている…という感じがあります。また、なぜ主人公が「安心」した気持ちになっているのかという状況を見ると、「たけのそばに坐らせ」られているわけですから、③の方がより気持ちとしては本文に合致していることがわかります。したがって、正解は③です。

問四　【②】

小娘が頻りに窓を開けようとしていた理由を考えていきましょう。第一段落で「私」は「その理由が私には呑み込めなかった。いや、それが私には、単にこの小娘の気まぐれだとしか考えられなかった。」とあり、「私」は小娘の「汽車の窓をあけようとする」理由が理解できず単なる「気まぐれ」だと考えていました。第二段落では「その時その蕭索《しょうさく》とした踏切りの柵の向うに、私は頬の赤い三人の男の子が、目白押しに並んで立っているのを見た。」「それが汽車の通るのを仰ぎ見ながら、一斉に手を挙げるが早いか、いたいけな喉を高く反らせて、何とも意味の分らない喊声《かんせい》を一生懸命に迸《ほとばし》らせた。」とあり、「私」は男の子三人が線路の傍に立って汽車に手を振っているのを見ています。そしてその瞬間に「窓から半身を乗り出していた例の娘が、あの霜焼けの手をつとのばして、勢よく左右に振ったと思うと、忽《たちま》ち心を躍らすばかり暖な日の色に染まっている蜜柑《みかん》が凡《およ》そ五つ六つ、汽車を見送った子供たちの上へばらばらと空から降って来た。」とあり、小娘が男の子達に蜜柑を投げてやったことがわかります。つまり、見送りに来た弟達に蜜柑を投げてやるために、小娘は汽車の窓を開けようとしていたのです。したがって、正解は②です。

問五　【③】

「ジョバンニ」の気持ちを表現している部分に気を付けて読んでみましょう。一行目「さびしい口つき」、二行目「僕は立派な機関車だ、ここは勾配だから速いぞとジョバンニが思いながら」、七行目「ぱっと胸が冷たくなり」、八行目「高く叫び返しましたが」、最終行「われを忘れてその星座の図に見入りました。」に注目しましょう。

4. 会話文読解

この単元では、会話文読解について学習していきます。「国語」といわれるとよく想像される評論や小説の読解問題とは形式が異なりますが、ポイントはそれほど大きくは変わりません。登場人物はどんな人か、何が議題になっているのか、どんなことを言っているのかを考えていきましょう。

次の会話文を読んで、問いに答えましょう。

西高校の生徒会室では、全校生徒から募集した【学校祭のテーマの最終候補】(Ⅰ・Ⅱ・Ⅲ)のうち、どれを採用するかについて、五人の生徒会役員が話し合っていた。【学校祭のテーマの最終候補】と【生徒会役員の話合いの一部】を読んで、考えましょう。

【学校祭のテーマの最終候補】

Ⅰ

光る汗
輝く青春
西高祭

Ⅱ

その日、西高は
研究展示と模擬店の
パラダイスになる

Ⅲ

研究展示とおいしい模擬店が
あなたをお待ちしています
〜西高祭〜

【生徒会役員の話し合いの一部】

高橋さん「まずは、この三つの最終候補についての考えを、それぞれ話してみよう。」

長野さん「私は西高祭で見てほしいところが、はっきりと伝わると思うから、ⅡかⅢがいいと思う。」

久保さん「テーマなので、表現にも気を配るべきじゃないかな。私はⅠはリズムがあっていいと思う。」

加藤さん「なるほど。表現ということで考えれば、Ⅱの『パラダイス』もいいと思う。こういう表現があると面白そうな催しがたくさんあるように思う。」

高橋さん「僕はⅢの、『あなたをお待ちしています』という表現が、読み手に呼びかける感じがしていいと思う。」

山崎さん「そもそもテーマでは、西高祭の見所を簡潔にうまく伝えることと、上手な表現をすること、どちらに重点を置くべきだろうか。私は西高祭の見所を簡潔にうまく伝えることだと思うけれど。」

加藤さん「そうだね。同感。」

高橋さん「それなら、Ⅰ、Ⅱ、Ⅲのテーマを比べると、長野さんが言っていたようにⅡやⅢがよさそうということになるね。では、この二つを今度は表現の点で比べてみよう。ⅡとⅢを比べると、どちらの表現がいいだろうか。」

加藤さん「僕はさっきも言ったように、Ⅱだな。」

高橋さん「僕はやっぱりⅢだね。」

山崎さん「それでは、ⅡとⅢのよいところを取り入れたテーマを、もう一度考えてみようか。」

加藤さん「あ、それいいね。僕、頑張るよ。」

長野さん「でも、ⅡとⅢのよいところを取り入れるって難しそうじゃないかな。」

久保さん「私も難しいと思う。」

加藤さん「大丈夫。みんなで一緒に考えよう。最終的にテーマを作ることは僕たち生徒会に任されているのだから、最後は僕たちがこの三つの候補をもとにして頑張って作らなきゃね。」

長野さん「それもそうだね。どうせなら、いいテーマを作りたいよね、よし、頑張るか。」

高橋さん　「じゃあ、それぞれ案を持ち寄って、来週にもう一度話し合おう。」

〈高認　平成二十九年第一回より抜粋〉

問一　会話文ではどんなことを問われているか、最も適切なものを選びなさい。
① 文化祭で模擬店を実施するか
② 文化祭のテーマを何にするか

問二　会話をしている人の中で、司会進行の役割を担っているのは誰か。
① 高橋さん
② 加藤さん

問三　Ⅰ、Ⅱ、Ⅲの候補の中で、「リズム感」という点で評価をされているのはどれか。
① Ⅰ　② Ⅱ　③ Ⅲ

ポイント

会話文では、複数の人が自分の意見をもって話をしています。その内容をしっかり理解しましょう。会話文の攻略方法としては次の三点があげられます。

手順１ 何についての会話かを把握する。
手順２ 会話をしている人の役割を理解する。
手順３ 会話をしている人とその意見を把握する。

また、会話文読解の問題にはグラフや図が付いてくることもあります。グラフや図についてもしっかり把握をしましょう。

問一の解き方

手順1に従って考えていきましょう。

これは出題文中にはっきりと書かれています。「全校生徒から募集した【学校祭のテーマの最終候補】のどれを採用するか」ということに関する会話です。したがって正解は②です。

なお、最終候補に残っているのは65ページに中の四角で囲まれた次の三つです。

Ⅰ「光る汗　輝く青春　西高祭」
Ⅱ「その日、西高は研究展示と模擬店のパラダイスになる」
Ⅲ「研究展示とおいしい模擬店があなたをお待ちしています　〜西高祭〜」

問二の解き方

手順2に従って考えていきましょう。

会話をしている人と、その人の性格について考えてみましょう。話をしているのは高橋さん、長野さん、久保さん、加藤さん、山崎さんの五人です。この五人のうち、三人については**会話文から役割や性格がわかります。**

高橋さん

「まずは、この三つの最終候補についての考えを、それぞれ話してみよう」「では、この二つを今度は表現の点で比べてみよう」という言葉から、**リーダーとして話し合いを指揮している**ことがわかります。

加藤さん
「僕、頑張るよ」
「大丈夫。みんなで一緒に考えよう」
という言葉から、前向きな意見を出していることがわかります。

山崎さん
「そもそもテーマでは、西高祭の見所を簡潔にうまく伝えること、上手な表現をすること、どちらに重点を置くべきだろうか。私は、西高祭の見所を簡潔にうまく伝えることだと思うけれど。」
という言葉から、話合いをするにあたって有効な視点を出していることがわかります。したがって正解は①です。

問三の解き方

手順３ に従ってⅠ・Ⅱ・Ⅲ、それぞれに対してどのような意見を持っているのか整理してみましょう

Ⅰ **久保さん**　「リズムがあっていい」
Ⅱ **長野さん**　「西高祭で見てほしいところが、はっきりと伝わる」
　 加藤さん　「面白そうな催しがたくさんあるように思う」「表現がいい」
Ⅲ **長野さん**　「西高祭で見てほしいところが、はっきりと伝わる」
　 高橋さん　「読み手に呼びかける感じがしていい」「表現がいい」

整理をすると、右のとおりの意見であったことがわかります。「リズム感」に言及しているのは久保さんのみです。したがって正解は①です。

Step

基礎問題

（　　）問中（　　）問正解

■ 次の文章を読んで、問一～問五に答えなさい。

【学校祭のテーマの最終候補】

西高校の生徒会室では、全校生徒から募集した【学校祭のテーマの最終候補】（Ⅰ・Ⅱ・Ⅲ）のうち、どれを採用するかについて、五人の生徒会役員が話し合っていた。【学校祭のテーマの最終候補】と【生徒会役員の話合いの一部】を読んで、問一～五に答えなさい。

Ⅰ

光る汗
輝く青春
西高祭

Ⅱ

その日、西高は
研究展示と模擬店の
パラダイスになる

Ⅲ

研究展示とおいしい模擬店が
あなたをお待ちしています
～西高祭～

【生徒会役員の話合いの一部】

高橋さん「まずは、この三つの最終候補についての考えを、それぞれ話してみよう。」

長野さん「私は［A］から、ⅡかⅢがいいと思う。」

久保さん「テーマなので、表現にも気を配るべきじゃないかな。私はⅠは［B］。」

加藤さん「なるほど。表現ということで考えれば、Ⅱの『パラダイス』もいいと思う。こういう表現があると［C］」

高橋さん「僕はⅢの、『あなたをお待ちしています』という表現が、［D］。」

山崎さん「そもそもテーマでは、西高祭の見所を簡潔にうまく伝えることと、上手な表現をすること、どちらにおくべきだろうか。私は西高祭の見所を簡潔にうまく伝えることだと思うけれど。」

加藤さん「そうだね。同感。」

高橋さん「それなら、Ⅰ、Ⅱ、Ⅲのテーマを比べると、長野さんが言っていたようにⅡやⅢがよさそうということになるね。では、この二つを今度は表現の点で比べてみよう。ⅡとⅢを比べると、どちらの表現がいいだろうか。」

加藤さん「僕はさっきも言ったように、Ⅱだな。」

高橋さん「僕はやっぱりⅢだね。」

山崎さん「それでは、ⅡとⅢのよいところを取り入れたテーマを、もう一度考えてみようか。」

加藤さん「あ、それいいね。僕、頑張るよ。」

長野さん「でも、ⅡとⅢのよいところを取り入れるって難しそうじゃないかな。」

久保さん「私も難しいと思う。」

加藤さん「大丈夫。みんなで一緒に考えよう。最終的にテーマを作ることは僕たち生徒会に任されているのだから、最後は僕たちがこの三つの候補をもとにして頑張って作らなきゃね。」

長野さん「それもそうだね。どうせなら、いいテーマを作りたいよね、よし、頑張るか。」

〈高認　平成二十九年第一回より抜粋〉

問一　空欄A〜Dに入る内容の組合せとして最も適当なものを、①〜③のうちから一つ選びなさい。

ア　リズムがあっていいと思う
イ　読み手に呼びかける感じがしていいと思う
ウ　高校生らしく、元気な感じがしていいと思う
エ　面白そうな催しがたくさんあるように思う
オ　西高祭で見てほしいところが、はっきりと伝わると思う

①　A……オ　B……ア　C……エ　D……イ
②　A……オ　B……イ　C……エ　D……ア
③　A……ア　B……イ　C……ウ　D……オ

問二　この話合いの参加者が果たしていた役割について説明したものとして最も適当なものを、次の①〜③のうちから一つ選べ。

①　高橋さんは、話合いの流れを取りまとめる役割、久保さんは、それた話合いを修正する役割を果たしていた。
②　加藤さんは、前向きな意見を出す役割、長野さんは、新しい事例を出して話合いの流れを変える役割を果たしていた。
③　山崎さんは、話合いに有効な視点やアイデアを出す役割、高橋さんは、話合いの流れを取りまとめる役割を果たしていた。

問三　学校祭のテーマの候補として挙げられているⅠ・Ⅱ・Ⅲはどのように決められたのか、また最終的なテーマはどのように決められるのかについて最も適当なものを、次の①〜③のうちから一つ選びなさい。

①　Ⅰ・Ⅱ・Ⅲは全校生徒から募集したもので、最終的なテーマはこの三つの中から全校生徒による投票で決定される。
②　Ⅰ・Ⅱ・Ⅲは生徒会役員が考えて持ち寄ったもので、最終的なテーマはこの三つの中から全校生徒による投票で決定される。
③　Ⅰ・Ⅱ・Ⅲは全校生徒から募集したもので、最終的なテーマを作成するのは生徒会役員に任されている。

問四　山崎さんはテーマを決めるにあたってどのように考えているか、最も適当なものを、次の①～③のうちから一つ選びなさい。

① テーマを決めるにあたって表現に気を配るべきであると考えており、候補として挙げられたものの良いところを取り入れて再度テーマを考えるという提案には消極的である。

② テーマを決めるにあたって西高祭の見所を簡潔に伝えることが大切であると考えており、候補として挙げられたものの良いところを取り入れたテーマを考えたいと思っている。

③ Ⅱの「パラダイス」という表現を評価しており、候補として挙げられたものの良いところを取り入れたテーマを考えたいと思っている。

問五　Ⅰ・Ⅱ・Ⅲに対して生徒会役員から出た意見として最も適当なものを、次の①～③のうちから一つ選びなさい。

① Ⅰの「光る汗」という表現は夏を連想させるが、学校祭は秋なのでふさわしくない。

② Ⅱに対しては二人が肯定的な意見を述べている。

③ Ⅲはテーマというには長すぎるのではないかという意見が出ている。

Jump

レベルアップ問題

（　　）問中（　　）問正解

■次の文章に読んで、問一～問五に答えなさい。

高校二年生の増山さんの学校では毎年体育祭があり、ここ数年は体育祭の最後の種目として学年対抗リレーが行われてきた。しかし学年対抗リレーが最後に行われると、体育祭が非常に盛り上がった雰囲気で終わることができる反面、閉会式が時間通りに始められないという運営上の問題があった。このため、体育祭実行委員会では、今年の体育祭を企画するにあたり、学年対抗リレーを午後の一番目の種目として実施するという改善策を考えたが、校内には依然として学年対抗リレーは体育祭の最後の種目として実施したいと考えている生徒が多い。そこで、体育祭実行委員会では、各クラスの責任者を集めて集会を開き、学年対抗リレーを午後の一番目の種目として実施するという改善案について説明することにした。次に示したのは、体育祭実行委員会が説明に用いるための【昨年度の体育祭プログラム】、【アンケート結果】（Ⅰ～Ⅵ）、【実行委員の話し合いの一部】である。これらを読んで、後の問いに答えよ。

【昨年度の体育祭プログラム】

<午前>10：00～12：00

○開会式

○綱引き

○大縄跳び

○ダンス

[昼食・休憩]12：00～12：50

[応援合戦]12：50～13：15

<午後>13：15～15：00

○借り物競争

○部活動対抗リレー

○学年対抗リレー

○閉会式(成績発表)

※Ⅰ、Ⅱ、Ⅲの解答者は生徒。Ⅳ、Ⅴ、Ⅵの解答者は保護者。

Ⅰ体育祭で、学年対抗リレーを午後の１番目の種目として実施することについて賛成ですか、反対ですか。

(回答 :1 年 240 名、2 年 238 名、3 年 242 名)

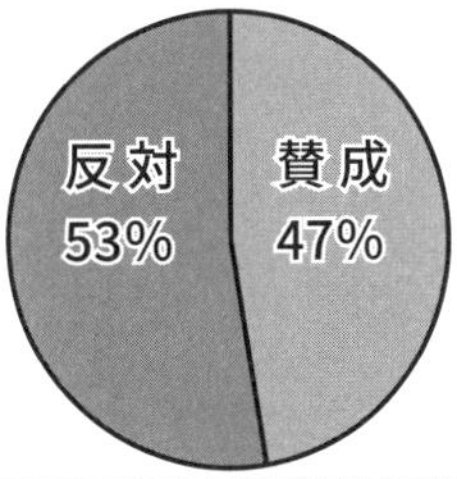

Ⅱ学年対抗リレーを午後の一番目の種目として実施することについて、賛成する理由、反対する理由を教えてください。(回答 :1 年 240 名、2 年 238 名、3 年 242 名)

賛成する理由（主なもの）

○昨年の体育祭では、閉会式の開始が30 分遅れたから。

○体育祭の日は疲れているので、閉会式は時間通りに終わるようにしてほしいから

反対する理由（主なもの）

○学年対抗リレーは盛り上がる種目だから

○学年対抗リレーは全校生徒が注目する種目なので、体育祭の最後に実施するのがふさわしいと思うから。

Ⅲ体育祭で最も楽しみにしている種目は何ですか。
(回答 :1 年 240 名、2 年 238 名、3 年 242 名)

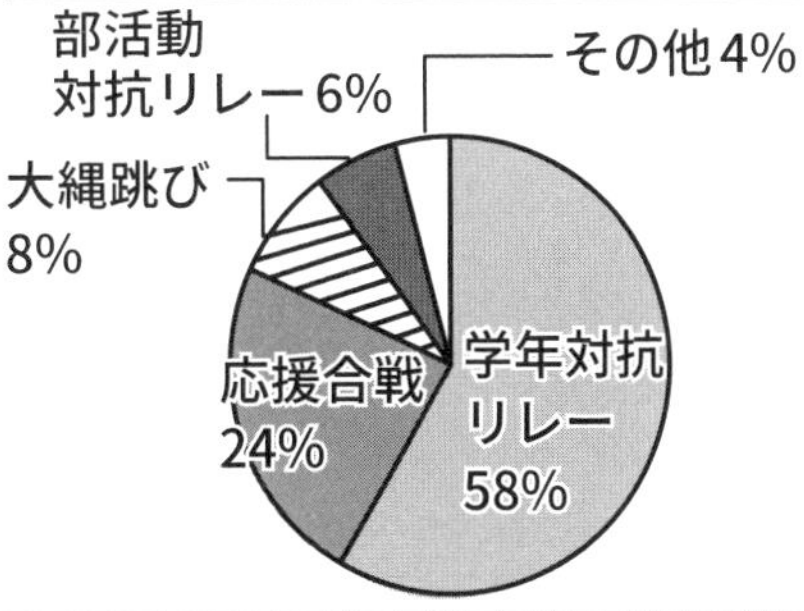

Ⅳ体育祭で最も楽しみにしている種目は何ですか。
(回答数 : 全学年の保護者 559 名)

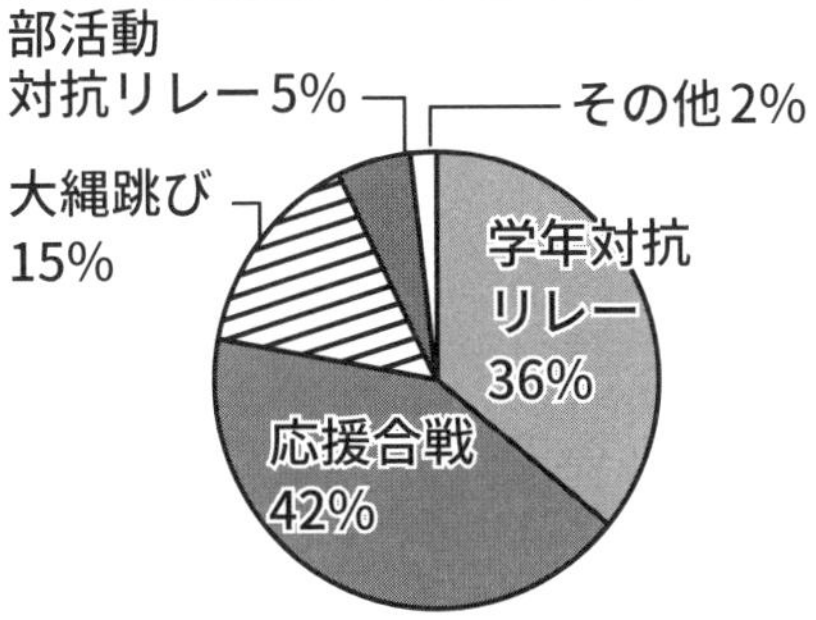

Ⅴ昨年度の体育祭に来校しましたか。
(回答数 : 全学年の保護者 438 名)

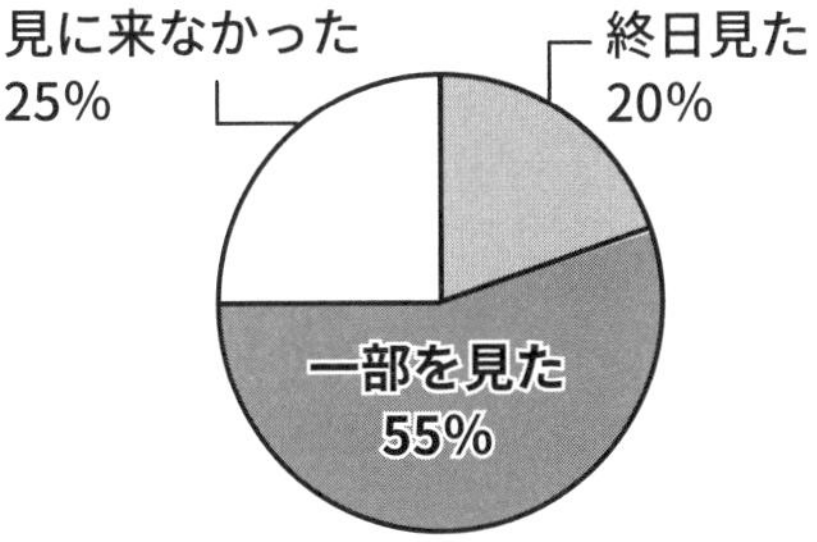

Ⅵ昨年度の体育祭で、どの時間帯を見ましたか。
(回答数 : Ⅴで「一部を見た」と解答した保護者のうちの 236 名)

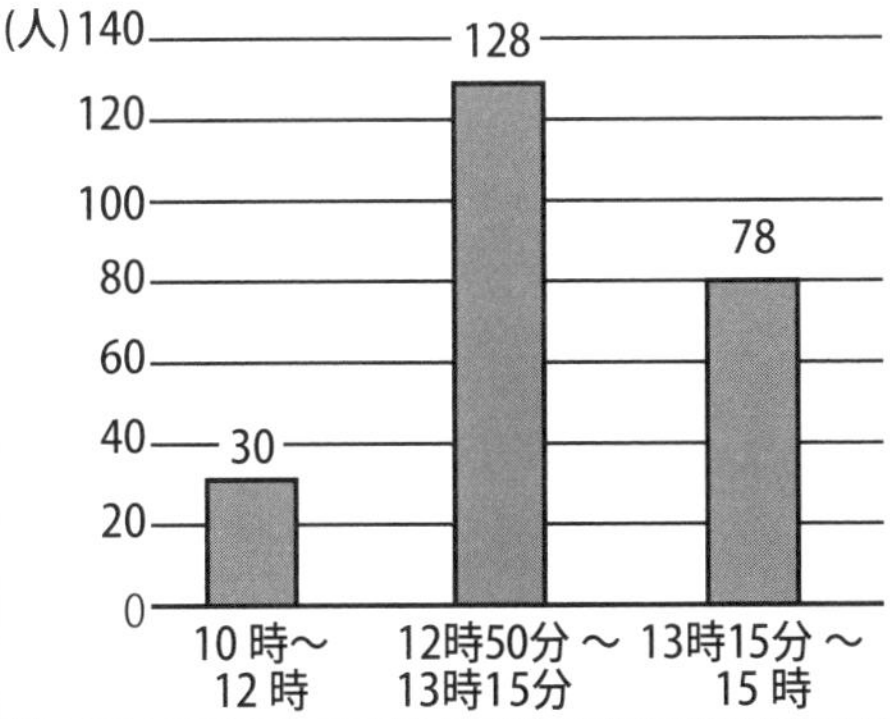

【実行委員の話し合いの一部】

増山さん「【昨年度の体育祭プログラム】とⅤ、Ⅵの結果を見ると、体育祭では A を見に来る保護者が多いことが分かるね。」

押本さん「そうだよね。Ⅳの結果を見れば、学年対抗リレーは保護者にも人気がある種目だから、この種目を午後の一番目に行えば、保護者にはきっと歓迎されるだろうね。」

並木さん「残る問題は、生徒に関する結果の方になるね。Ⅲを見ると、やっぱり学年対抗リレーは生徒に人気があることが分かるね。」

増山さん「ⅠとⅡを見ると、『学年対抗リレーを午後の一番目の種目として実施しよう』という私たちの改善案に対しては、賛成と反対で生徒は二分されているね。賛成派と反対派の対立点は、 B のどちらを優先するのかという点だよね。」

押本さん「そうだね。まだ集会までに時間があるから、もう少しいろいろな資料を集めてみよう。」

〈高認　平成二十九年第二回より抜粋〉

問一　空欄 A に当てはまるものとして最も適当なものを、次の各群の①～③のうちからそれぞれ一つ選びなさい。

① 部活動対抗リレー
② 大縄跳び
③ 応援合戦

問二　空欄［B］に当てはまるものとして最も適当なものを、次の各群の①～③のうちからそれぞれ一つ選びなさい。
① 体育祭の種目を増やすことと減らすこと。
② 体育祭の盛り上がりと体育祭の計画に沿った進行。
③ 昨年度の体育祭実行委員会の意見と今年の体育祭実行委員会の意見。

問三　体育祭で学年対抗リレーを午後の最初の種目とすることに対する保護者の考えとして最も適当なものを、次の①～③のうちから一つ選びなさい。
① 回答した保護者のうち47％が午後の最初の種目にすることに賛成している。
② 午後の最初の種目にすることに対する反対意見として、全校生徒が注目する種目は最後に行うのがふさわしいという意見がある。
③ 保護者からの解答は得ていない。

問四　体育祭の種目のうち、保護者が楽しみにしているものの説明として最も適当なものを、次の①～③のうちから一つ選びなさい。
① 最も楽しみにしているという回答が最多であったのは応援合戦である。
② 保護者が最も楽しみにしていると回答した種目は学年対抗リレー、応援合戦、大縄飛び、部活対抗リレーの４つで、その他の種目については回答がなかった。
③ 学年対抗リレーを最も楽しみにしていると回答した保護者は全体の半分以上である。

問五　体育祭の種目のうち、生徒と保護者が楽しみにしていると回答した種目について**不適切なもの**を次の①～③のうちから一つ選びなさい。
① 生徒、保護者共に大縄跳びを最も楽しみにしているという回答は三番目に多かった。
② 生徒、保護者共に学年対抗リレーを最も楽しみにしているという回答が最多であった。
③ 学年対抗リレーは生徒・保護者共に四分の一以上の人が最も楽しみであると回答している。

基礎問題　解説

問一【①】

まず、Aについて、Ⅱ、Ⅲのテーマは、ともに「研究展示」、「模擬店」といった学校祭の具体的な内容が含まれています。その一方で、Ⅰのテーマには、具体的な内容が記されていません。学校祭の主要な内容を記すことで、学校祭で見てほしいところがはっきりと伝えることができます。よって、Aにはオが入ります。次に、Bについて、Ⅰのテーマは、表現という点からすると、「汗」、「青春」、「西高祭」のように各節が体言で止まっており、読みやすいリズムとなっています。よって、Bにはアが入ります。そして、Cについて、Ⅱのテーマにある「パラダイス」とは、楽園・極楽といった意味を持ちます。そこから、楽しそうな雰囲気が想起されます。よって、Cにはエが入ります。最後に、Dについて、「お待ちしています」という表現は、相手と直接話しているときに使います。そこから、相手に呼び掛けているような表現になっていると推測することができます。よって、Dにはイが入ります。したがって、正解は①となります。

問二【③】

この話合いにおいて、高橋さんは「まずは、この三つの最終候補についての考えを、それぞれ話してみよう」、「じゃあ、もう一度話し合おう」といった、話合いの司会の役割を果たしています。長野さんは理由とともにふさわしいテーマを挙げる他、話合いの中で問題提起を行っています。久保さんは、長野さんと同様に、理由とともにふさわしいテーマを挙げる他、長野さんの意見に同意をしています。加藤さんは「そうだね。同感。」、「大丈夫。みんなで一緒に考えよう。」のように、前向きな発言を多くすることで、話合いを盛り上げています。そして、山崎さんは「(略)どちらに重点を置くべきだろうか。私は、西高祭の見所を簡潔にうまく伝えることにあるんじゃないかと思うけれど」と、話合いで重要な視点・考え方を持ち出す役割を果たしています。したがって、正解は③となります。

問三【③】

ここでは、(ア)「Ⅰ・Ⅱ・Ⅲはどのように決められたのか」(イ)「最終的なテーマはどのように決められているのか」について問われています。(ア)は、冒頭の文で、全校生徒から募集したと書いてあります。また、(イ)は本文の後ろから３行目で、加藤さんが「最終的にテーマを作ることは僕たち生徒会に任されているのだから」と発言しています。よって、正解は③であることがわかります。

問四【②】

この問いは、テーマを決めるにあたって「山崎さんがどのように考えているか」を問われています。山崎さんの発言を見ると、「西高祭の見所を簡潔に伝える方こと」に重点を置くべきだと言っています。また、山崎さんはもう一度発言しています。本文の「ⅡとⅢの良いところを取り入れたテーマをもう一度考えてみよう」と言う発言です。よって正解は②となります。

問五【②】

本文を見ると、Ⅱのテーマは長野さんと加藤さんに支持されています。Ⅰは、久保さんが「リズムが良い」と言っていますが、夏を連想させるとは言っていません。Ⅲは、高橋さんに「呼びかける感じがしてよい」と言われていますが、テーマが長すぎるとは言われていません。よって、①と③の内容は誰も述べていないため正解は②となります。

レベルアップ問題　解説

問一【③】

まずⅥの資料を見ると、12時50分～13時15分の間に来る保護者が最も多いことがわかります。次にⅤの資料を見ると、体育祭の一部だけを見る保護者が多いことがわかります。よって、12時50分～13時15分の間の一部だけを見る保護者が多いということがわかります。そこで、【昨年度の体育祭プログラム】を見てみると、12時50分～13時15分の間には応援合戦が行われています。したがって、正解は③となります。

問二【②】

Ⅱの資料を見てみると、賛成派の理由は、「開会式の開始が30分遅れたから」、「時間通りに終わるようにしてほしいから」というように、時間という点からとなっています。一方で、反対派の理由は「盛り上がる種目だから」、「全校生徒が注目する種目なので」というように、人気という点からとなっています。ここで、選択肢を見てみると、「盛り上がり」と「計画に沿った進行」が、この内容と合致します。したがって、正解は②となります。

問三【③】

ここでは、保護者の考えを問われています。保護者向けの資料はⅣ、Ⅴ、Ⅵですが、そこには「学年対抗リレーを午後の最初の種目とすること」に対する意見は聞いていません。資料Ⅱは生徒の意見です。したがって、正解は③となります。

問四【①】

Ⅳの資料を見てみると、応援合戦の割合が一番多く、①が正解となります。

問五【②】

不適切なものを選ぶ問題であることに注意しましょう。資料Ⅲ、Ⅳはどちらも「体育祭で最も楽しみにしている種目は何か」というアンケートです。生徒は「学年対抗リレー」の割合が一番高く、保護者は「応援合戦」の割合が一番高いことから、②が不適切ということがわかります。

5. 敬語・手紙

この単元では、手紙などの実用文の書き方と、敬語について学習します。ひとことに「手紙」と言ってもいろいろな種類がありますね。学校から生徒・保護者への告知のための手紙、友達に宛てた手紙、ビジネスのための手紙もあるでしょう。ここでは、友達への手紙とは少し違う、改まった書き方について学習していきます。

平成29年7月21日

保護者の皆様

東 高 等 学 校 長　山下 太郎
東高等学校生徒会長　田中 花子

文化発表会のお知らせ

　保護者の皆様に置かれましては、ますます御清栄のこととお慶び申し上げます。また、平素より本校の教育活動に御協力くださり、ありがとうございます。

　さて、本校では9月9日、10日に文化発表会を実施いたします。このうち、9月10日については一般公開といたします。公開時間は9時から16時です。1年生による合唱、2年生による伝統芸能発表、3年生による研究展示のほか、部活動や委員会による展示、発表などが行われます。

　御多忙の折とは存じますが、ぜひ御来校いただき、お子様の学校での活動の様子を御覧ください。

　なお、当日は駐車場の混雑が予想されますので、できる限り公共交通機関を利用して御来校くださいますよう、よろしくお願いいたします。

問い合わせ先
東高等学校
　担当　鈴木、大西
TEL　〇〇〇-123-4567
FAX　〇〇〇-890-1234

<平成二十九年第一回　高卒認定試験より>

これは学校から保護者に宛てた手紙です。はじめに日付と宛先、送り主の名前が書いてあります。今回は、校長と生徒会長の連名で出されたようです。そして最後に問い合わせ先として高校の担当者の名前と電話が書いてあります。

敬語の種類と使い方

この手紙は敬語を使って書かれています。敬語の種類について学習していきましょう。

① 尊敬語……目上の人を敬う表現で「相手を立てたいとき」に使う。**行為をする人は**「相手」になる。大きく3つのパターンがある。

- 「お（ご～になる（なさる）」という形にする
  例 お帰りになる、ご退席なさる。
- 動詞に「れる（られる）」をつける。
  例 書かれる、話される。
- 全く違う形に変化する。

② 謙譲語……「自分を下げることで相手を立てたいとき」に使う。**行為をする人は**「自分」または「自分の身内」になる。大きく二つのパターンがある。

- 「お（ご）～する」という形にする。
  例 お伝えする、ご紹介する。
- 全く違う形に変化する。

③ 丁寧語……相手を問わず使う表現。大きく二つのパターンがある。

- ～です、～ます、～でございます
- 〝お〟や〝ご〟を付ける言葉。

例 お金、ご意見

会社を舞台にして考えてみましょう。

Ⅰは何かの機会に上司が自分の家に来た時の話題になったときの様子を表した図です。「(私の)自宅に行く」という動作を行ったのは**上司**なので**尊敬語**を使用します。

Ⅱは I とは逆に、(私が)上司の自宅に行ったときの話題になったときの様子を表した図です。この場合、「(上司の)自宅に行く」という動作を行ったのは**自分**なので**謙譲語**を使います。

Ⅰ

Ⅱ

登場人物を増やしてみましょう。

Ⅲは取引先の担当者と、その場にはいない自分の上司について話しているときの様子を表した図です。

この時、上司は自分より目上の人ではありますが取引先への敬意を表すため、自分の身内である上司の動作に対して謙譲語を使用します。普段は上司に対して「鈴木さん」「鈴木部長」などと呼びかけていたとしても、謙譲語を使用する際は自分の身内に対しては敬称は付けません。

Ⅳは社内に戻って、取引先との打ち合わせ内容について上司に報告するときの様子を表した図です。その場にはいませんが、考えるという動作をしているのは取引先の人ですので、尊敬語を使います。

Ⅲ

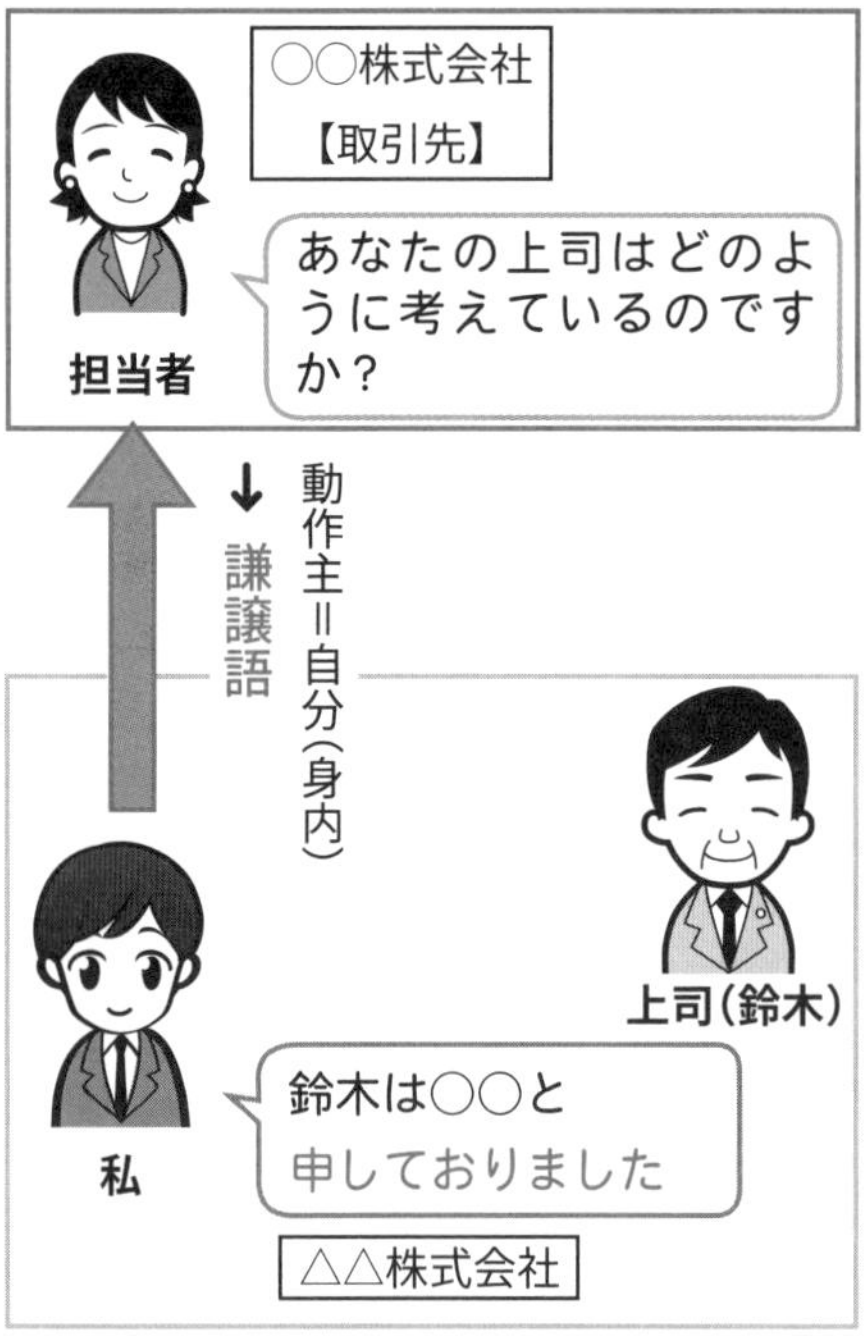

Ⅳ

尊敬語、謙譲語のうち、形が変化するものについては次の二つの表を参考にしてください。

	尊敬語	謙譲語	丁寧語
行く・来る	いらっしゃる お越しになる	参る 伺う	行きます 来ます
いる	いらっしゃる おいでになる	おる	います
見る	ご覧になる	拝見する	見ます
言う	おっしゃる	申す 申し上げる	言います
食べる 飲む	召し上がる	いただく	食べます 飲みます
聞く	お聞きになる	伺う 拝聴する	聞きます
する	なさる	いたす	します
知る	ご存じ	存じる 存じ上げる	知っています
読む	お読みになる	拝読する	読みます

	尊敬語	謙譲語	丁寧語
着る	お召しになる	着させていただく	着ます
会う	お会いになる	お目にかかる	会います
利用する	ご利用になる	利用させていただく	使います
もらう	お受け取りになる	いただきます	もらいます
やる・あげる	くださる お渡しになる	差し上げる	あげます
寝る	お休みになる	休ませていただく	寝ます
見せる	見せてくださる	ご覧に入れる	見せます

場面ごとに、どの敬語を使用するべきか判断できるようになりましょう。間違った（または、より適切な表現方法がある）敬語の例を次に四つあげました。なぜ誤りなのか、どのように直せばいいのかを考えていきましょう。

【×】先生、明日はこちらに**参ります**か？

←「参る」は謙譲語なので相手の動作には使いません。

【○】先生、明日はこちらに**いらっしゃいます**か？

【×】私はこの講義をお聞きになります。
←「お聞きになる」は尊敬語なので自分の動作には使いません。
【○】私はこの講義を拝聴させていただきます。

【×】こちらの椅子に座ってお待ちください。
←「座る」という動作をする人に対して敬意を表す表現をしましょう。
【○】こちらの椅子におかけになってお待ちください。

【△】こちらの商品を買いますか？
←「買います」は丁寧語ですが、より敬意を表した言葉遣いができます。
【○】こちらの商品をお求めになりますか？

手紙の書き方

手紙を書く順序にも、決まった形式があります。ビジネスなどのフォーマルな場で困らないように覚えておきましょう。基本的な順序や内容などの形式は次のとおりです。

①前文……(a)書き出しの言葉
　　　　　(b)時候の挨拶
　　　　　(C)挨拶文
②主文（内容）
③末文……(a)終わりの挨拶
　　　　　(b)結びの言葉
④後づけ（日付、宛名、自分の名前）

◉ 前文ⓐ書き出しの言葉」と「③末文ⓑ結びの言葉」

書き出しの言葉と結びの言葉は対応します。いくつか覚えておきましょう。

改まる ←→ 親しい

書き出し	結び
謹啓《きんけい》 謹《つつし》んで申し上げます	謹言《きんげん》・頓首《とんしゅ》
拝啓《はいけい》・拝呈《はいてい》	敬具《けいぐ》・敬白《けいはく》
前略《ぜんりゃく》・冠省《かんしょう》 前文《ぜんぶん》お許しください	草々《そうそう》・不一《ふいつ》
お元気ですか	ではまた ごきげんよう
こんにちは	さようなら

※「拝啓・敬具」が最も一般的なものです。

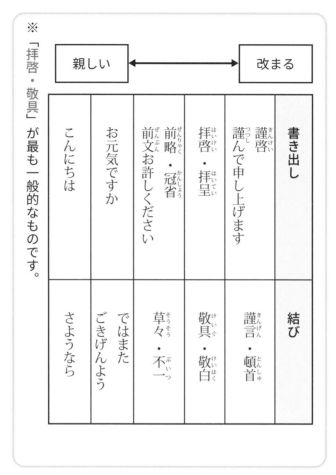

◉前文(b) 時候の挨拶

それぞれの季節に応じて、さまざまな挨拶があります。

一月　初春の候　新春の候　厳冬の候　寒冷の候　寒気ことのほか厳しく
二月　余寒の候　残寒の候　余寒なお厳しき折から
三月　早春の候　軽暖の候　春もまだ浅いこのごろ
四月　春暖の候　清和の候　春もたけなわの折から
五月　新緑の候　惜春の候　暮春の候　春漸く衰え　薫風渡る五月の空
六月　麦秋の候　梅雨の候
七月　盛夏の候　酷暑の候　暑さ厳しき折から　夕顔の花匂うころ
八月　炎暑の候　残暑厳しき折から
九月　初秋の候　虫の美しいころ
十月　秋冷の候　清爽の候　秋気いよいよ清く
十一月　晩秋の候　向寒の候　冷雨の候
十二月　初冬の候　寒気相極まり　歳末ご多用の折から

◉ 前文(c) 挨拶文

主文に入る前の挨拶文にもさまざまなものがあります。

相手の安否を尋ねる

- ますますお元気でお過ごしのことと推察申し上げます。
- その後ご無沙汰しておりますが、いかがお過ごしでしょうか。
- ご清栄のこととお慶び申し上げます。

こちらの安否を知らせる

- 私どももおかげさまで元気に過ごしております（ので、どうぞご安心ください）。

感謝をあらわす

- 平素はお世話になり、心から御礼申し上げます。
- 日頃から何かとご高配を賜わり、誠にありがとうございます。

返信の手紙のとき

- 丁寧なお手紙、ありがとうございました。お返事が遅れて申し訳ございません。
- お手紙、うれしく拝見いたしました。

面識のない人に出す場合

- 突然お手紙を差し上げます失礼をお許しください。
- 初めてお手紙差し上げます。

◉末文(a)　終わりの挨拶

最後に健康や繁栄を祈る挨拶などを添えます。返事が欲しい場合や伝言を頼む場合などは末文に書きましょう。

- 末筆ながら、皆さまのご多幸をお祈り申し上げます。
- 寒さ（暑さ）が厳しくなってまいりました。くれぐれもご自愛くださいますようお祈り申し上げます。
- 今後とも一層のご厚情を賜りたく、よろしくお願い申し上げます。
- なお、恐縮ながら折り返しお返事の程、お願い申し上げます。
- 皆様にも、くれぐれもよろしくお伝え願います。
- 乱文お許しください。
- 取り急ぎご連絡まで。

返信ハガキの書き方

結婚式等の招待状を受け取ったとき、出欠をハガキで返信する場合があります。このとき、書き足したり二重線で消す部分があるのでしっかりマスターしましょう。

東京都文京区小石川 2−3−×
白石 花奈 行 様 ①

② 慶んで
御出席 させていただきます。
③ 御欠席
④ 御結婚おめでとうございます。
晴れ姿を楽しみにしております。
⑤ 御住所 東京都文京区小石川2−4−×
⑥ 御芳名 鈴木次郎

③ 御出席
御欠席
④ 御結婚おめでとうございます。
御招待ありがとうございます。
どうしても都合がつかず、
とても残念ですが
欠席させていただきます。
⑤ 御住所 東京都文京区小石川2−4−×
⑥ 御芳名 鈴木次郎

① 相手方からきたときに印字されている「行」は二重線で消し、個人の場合は「様」、企業などの場合は「御中」に書き換えます。
② 「御」を二重線で消して「慶んで」出席「させていただきます」と書き加えましょう。
③ 該当しない部分は二重線で消します。
④ メッセージを書き加えるとより丁寧な印象になります。
⑤ 「御」を二重線で消します。
⑥ 「御芳」を二重線で消します。「芳」も敬意を表す言葉ですので消し忘れに注意しましょう。

メールの書き方

現代社会で仕事をしていく上で、メールのやりとりは切っても切り離せないものです。相手にわかりやすく、失礼のないようにするためには、敬語の知識だけではなく、メールの性質を理解することも重要です。

◉件名

どのような内容が書かれているのか、**具体的かつ簡潔**な件名にしましょう。氏名も記載しておくと、誰からのメールなのかわかりやすくなります。

◉宛先・自分の氏名

はじめに誰に宛てたメールなのかをはっきりさせるために**相手の氏名**を記入します。また、本文の初めには**自分の所属や氏名を名乗りましょう**。ビジネスメールの場合は、相手・自分ともに会社名や部署名も併記しましょう。

◉本文

相手に伝えたい内容を記入します。この時に、**相手に自分の状況を分かりやすく伝えるように心がけましょう**。対面でのコミュニケーションではないので、疑問に思うことがあってもすぐに聞くことができません。情報が不十分なメールを送ると、相手は疑問に思ったことを確認するためにメールのラリーが続き、時間がかかってしまいます。自分の時間も相手の時間も大事にするために、自分の状況の説明や依頼内容は過不足なく伝えるようにしましょう。

書き終えたらすぐに送信するのではなく、ひととおり読み直して誤字脱字や分かりづらい部分がないかを確認しましょう。

◉ メールを受け取ったら…

メールを送った時、「もう読んでくれたかな？」「返信はまだかな？」と気になりますよね。それは相手も同じです。自分がメールを受け取った時は、できるだけ早く返信をするようにしましょう。すぐに返信ができない場合も「メールを受け取りました。また後日ご連絡させていただきます。」などと、ひとまずの返信をしておくと相手も安心することができます。

件名　日本史概論のレポート提出について / 高橋○也

佐藤先生

　佐藤先生の日本史概論を受講している文学部史学科の高橋○也と申します。先週の日本史概論の講義で発表になった学期末レポートの提出についてご相談があり、ご連絡させていただきました。

　来週木曜日の授業時に提出とのことでしたが、教育実習中のため、来週の授業に出席することができません。レポートは期日までに完成させますので、メールでの提出を受け付けていただけないでしょうか。

　お忙しいところ大変申し訳ございませんが、ご返信をいただけますようお願いいたします。

○×大学文学部史学科
高橋○也 (学籍番号070578C)
takahaya@ ×××.ne.jp

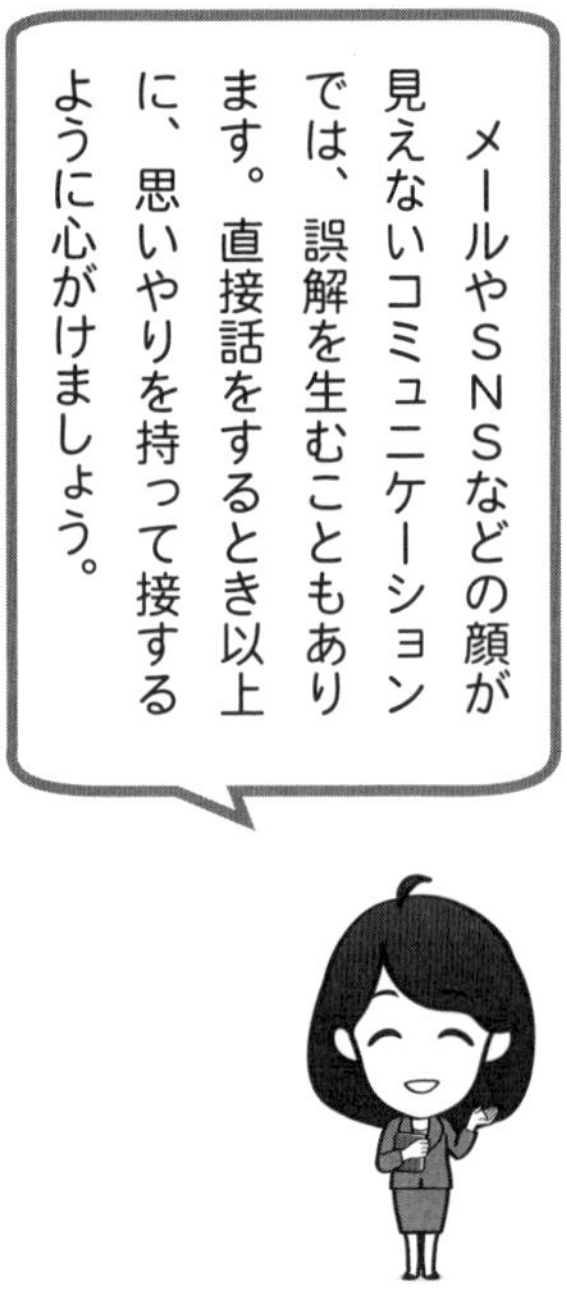
メールやSNSなどの顔が見えないコミュニケーションでは、誤解を生むこともあります。直接話をするとき以上に、思いやりを持って接するように心がけましょう。

電話のかけ方

最近では携帯電話・スマートフォンが主流になり、話をしたい人と直接つながることができるようになりました。しかし、自宅や会社などの固定電話ではだれが出るかわかりませんね。話をしたい相手につないでもらうためにどのようにするとスムーズになるかを知っておきましょう。

心がけるべきことはメールの時と同じです。自分が何者なのかと、どのような要件なのかをしっかりと相手に伝えましょう。

◉相手が電話に出たら

まずは**自分の名前を名乗りましょう**。その上で、「○○さんのお宅ですか？」「○○株式会社様でしょうか？」などと**電話相手に間違いがないか確認します**。

◉話をしたい人につないでもらう

「○○さんはいらっしゃいますか？」というように、**誰と話をしたいのかを伝えましょう**。その際、「××の件でお電話させていただきました」というように**用件もまとめて伝える**と、「○○は席を外していますが、××を担当している△△におつなぎいたしますね」と適切な相手につないでもらえることもあります。

◉相手が不在だった場合

あらかじめ連絡をしていない場合は、相手が電話に出られない状況であることもあります。その場合は、次のような手段を取りましょう。自分の都合だけではなく、相手にとって支障がないかを確認することも大切です。

- 伝言をお願いする
- 折り返しの連絡をお願いする
- いつごろだったら話ができるか確認し、改めて電話をする

【電話対応の例　友人の自宅に電話をする場合】

鈴木様のお宅でしょうか。私、田中と申しますが、花衣さんはいらっしゃいますか？

電話に出られる時

はい、少々お待ちください

電話に出られない時

今留守にしています。○時ごろに帰りますが、折り返しましょうか？

折り返しをお願いする時

お願い致します。

こちらからかけ直す時

□時ごろにまたこちらからお電話させていただきます。私から電話があったことを花衣さんにお伝えいただけますでしょうか

【電話の応対例　学校に電話をする場合】

○○専門学校でしょうか。△△学科の田中と申します。電車が遅延していて○分ほど遅刻してしまいそうです。

わかりました、担任の先生に伝えておきます。気を付けて向かってください。

【こんなシチュエーションも……進学したい学校に入試などについて質問する場合】

○○専門学校でしょうか。田中と申しますが、出願書類の記入方法についてお伺いしたくお電話させていただきました。担当の方をお願いいたします。

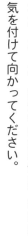

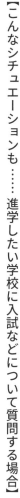

【電話の応対例　取引先の会社に電話をする場合】

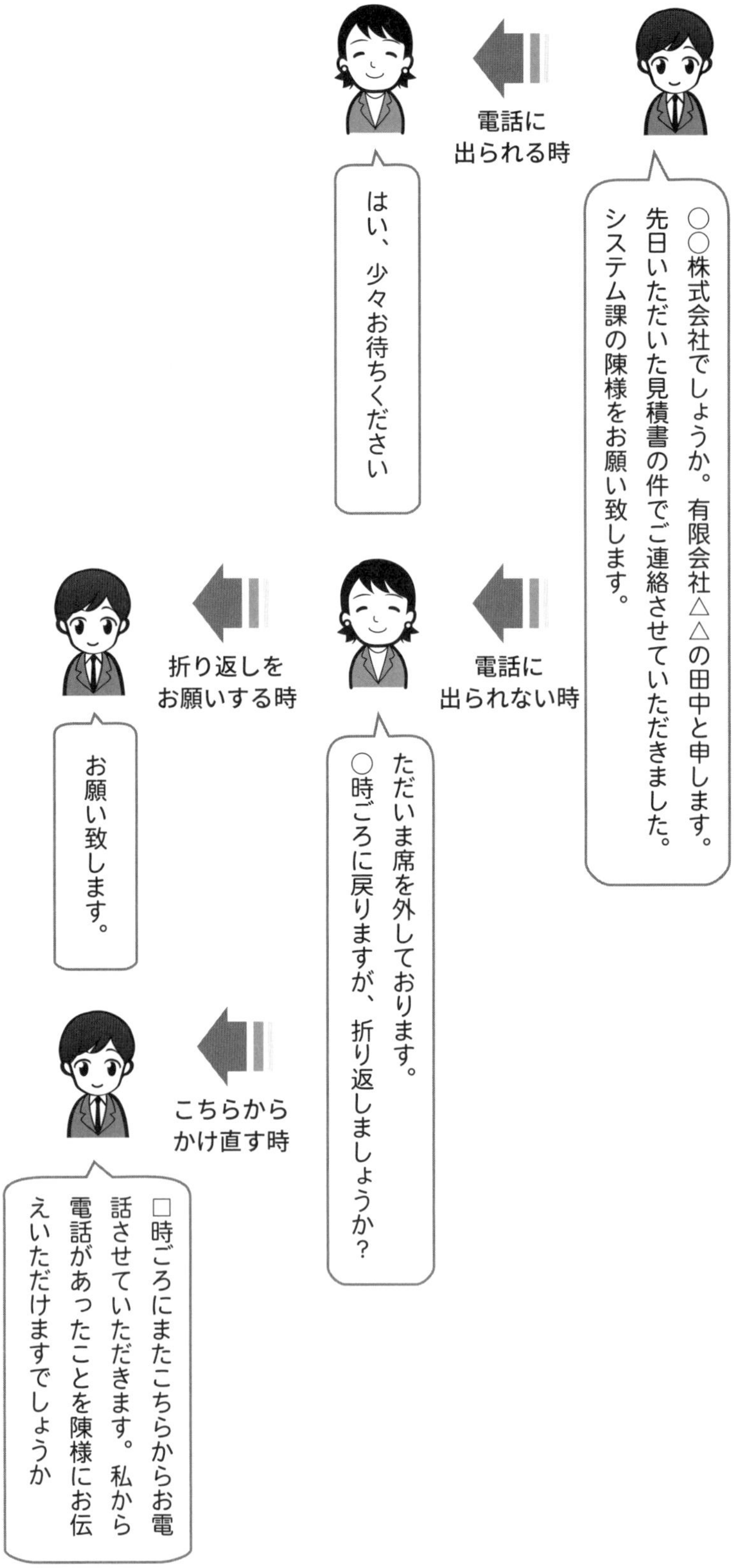
○○株式会社でしょうか。有限会社△△の田中と申します。先日いただいた見積書の件でご連絡させていただきました。システム課の陳様をお願い致します。
電話に出られる時
はい、少々お待ちください
電話に出られない時
ただいま席を外しております。○時ごろに戻りますが、折り返しましょうか？
折り返しをお願いする時
お願い致します。
こちらからかけ直す時
□時ごろにまたこちらからお電話させていただきます。私から電話があったことを陳様にお伝えいただけますでしょうか

Step 基礎問題

（　　）問中（　　）問正解

■問一～十について、（　　）に当てはまる適切な言葉を答えなさい。

問一　自分がへり下る形で相手への敬意を表す敬語を（　　　）という。

①　尊敬語　②　謙譲語　③　丁寧語

問二　相手を問わず使用できる敬語で、語尾が「ですます」調になるものを（　　　）という。

①　尊敬語　②　謙譲語　③　丁寧語

問三　先生、明日はこちらに（　　　）？

①　おりますか　②　いますか　③　いらっしゃいますか

問四　こちらの椅子に（　　　）お待ちください。

①　おかけになって　②　座って　③　着席して

問五　私はこの講義を（　　　）ます。

①　拝聴させていただき　②　聞いてあげ　③　お聞きになり

問六　こちらの商品を（　　　）か？

①　買います　②　お求めになります　③　購入します

問七　書き出しを「謹啓」とした手紙の結びの言葉は（　　　）である。

①　頓首　　②　敬具　　③　草々

問八　二月の時候の挨拶として適切なものは（　　　）である。

①　余寒なお厳しき折から　　②　向寒の候　　③　暑さ厳しき折から

問九　十一月の時候の挨拶として適切なものは（　　　）である。

①　麦秋の候　　②　秋冷の候　　③　晩秋の候

問十　前文の挨拶として適切なものは（　　　）である。

①　暑さが厳しくなってまいりました。くれぐれもご自愛くださいますようお祈り申し上げます。

②　乱文お許しください。

③　ますますお元気でお過ごしのことと推察申し上げます。

レベルアップ問題

■ 次の文章を読んで、問一～五に答えなさい。

令和６年２月15日

A

B

拝啓

C	貴社ますます	D

先般は当社製品についてお問い合わせいただき、誠にありがとうございました。

取り急ぎ、当社製品の資料を送付させていただきました。 ご検討いただきますよう、何卒お願い申し上げます。

なお、ご不明な点等ございましたら、お気軽にお問い合わせください。

今後とも一層のご厚情を賜りたく、よろしくお願い申し上げます。

E

記

同封書類 OA 機器資料 一部

以上

（　　）問中（　　）問正解

問一　A に当てはまる内容として最も適切なものを次の①〜③のうちから一つ選びなさい。

① 手紙を出す相手の所属・役職・氏名等
② 自分の所属・役職・氏名等
③ 手紙のおおよその内容

問二　B に当てはまる内容として最も適切なものを次の①〜③のうちから一つ選びなさい。

① 手紙を出す相手の所属・役職・氏名等
② 自分の所属・役職・氏名等
③ 手紙のおおよその内容

問三　C に当てはまる内容として最も適切なものを次の①〜③のうちから一つ選びなさい。

① 春暖の候
② 余寒の候
③ 初秋の候

問四　D に当てはまる内容として最も適切なものを次の①〜③のうちから一つ選びなさい。

① 前文お許しください
② こんにちは
③ ご清栄のこととお慶び申し上げます

問五　E に当てはまる内容として最も適切なものを次の①〜③のうちから一つ選びなさい。

① お元気ですか
② 謹啓
③ 敬具

基礎問題　解説

問一【②】
自分がへり下る形で相手への敬意を表す敬語を謙譲語といいます。謙譲語と尊敬語が混ざってしまわないように気をつけましょう。

問二【③】
相手を問わず使用できるのが丁寧語です。語尾が「ですます」になるもので、一番馴染みがあるものではないでしょうか。

問三【③】
先生は目上の人で、先生が「いる」のかを尋ねる＝行為をする人は相手になりますので、尊敬語の「いらっしゃる」が適切です。

問四【①】
椅子に座るのは相手ですので、尊敬語を使用します。

問五【①】
講義を「聞く」のは自分自身なので、謙譲語の「拝聴する」を使用します。

問六【②】
商品を買うのは相手ですので、尊敬語を使用します。

問七【①】
書き出しを「謹啓」とした手紙の結びの言葉は「謹言」「頓首」となります。

問八【①】
「向寒の候」は十一月、「暑さ厳しき折から」は七月に使用される時候の挨拶です。

問九【③】
「麦秋の候」は六月、「秋冷の候」は十月に使用される時候の挨拶です。

問十【③】
①、②は終わりの挨拶として使用するものです。

レベルアップ問題　解説

問一【①】

相手の名前を左上、自分の名前を右上に書くのは文書作成におけるルールなので、覚えておきましょう。

問二【②】

相手への敬意を表すため、自分の名前は相手の名前より低い位置に記します。よって、正解は②となります。

問三【②】

文書の日付を見ると、「令和６年２月15日」と書いてあります。二月は春でも秋でもありません。よって、正解は②の余寒の候となります。立春の後もまだ寒さが残っていることを表す言葉です。

問四【③】

文書作成における慣用表現のひとつです。ぜひ覚えておきましょう。

問五【③】

文書の書き出しの言葉と結びの言葉についての問いです。書き出しに「拝啓」ときたら結びは「敬具」となる決まりです。ぜひ覚えておきましょう。

参考資料

参考資料① 単語・文節・文・段落、文章

これから文法事項を学習していくにあたって、「単語」という単位を知る必要があります。普段私たちが読んでいる文を細分化するとどのように分かれていくのか見ていきましょう。

- 単語……言葉の一番小さい単位。単語を繋いでいくと文節になる。
- 文節……単語をつないでできた、「〜ね」を入れて区切っても不自然にならない一番小さい単位。文節を繋いでいくと文になる。
- 文……文節をつないでできたもの。前の文の「。」の次の字から次の「。」までを一文という。
- 段落……文をつないでできたもの。文の頭が一マス下がるのが特徴で。文章の中でもひとつの区切りを示す。
- 文章……文や段落をつないでできたもの。ひとつの手紙、物語、評論などの内容をまとめて指す。

文章

段落

私 は 樹木 が 好き で ある から旅に出たときはその土地土地の名木は見落さないようにしている。日本では もとより、西洋に いた 頃も そうであった。しかしいまだかつて京都祇園の名桜「枝垂桜」にも増して美しいものを見た覚えはない。数年来 は春になれば必ず見ているが、見れば見るほど限りもなく美しい。

文

　位置や背景も深くあずかっている。蒼く霞んだ春の空と緑のしたたるような東山とを背負って名桜は小高いところに静かに落ちついて壮曜な姿を見せている。夜には更に美しい。空は紺碧に深まり、山は紫緑に黒ずんでいる。枝垂桜は夢のように浮かびでて現代的な照明を妖艶な全身に浴びている。美の神をまのあたり見るとでもいいたい。私は桜の周囲を歩いては佇む。あっちから見たりこっちから見たり、眼を離すのがただ惜しくてならない。ローマやナポリでアフロディテの大理石像の観照に耽った時とまるで同じような気持である。炎々と燃えているかがり火も美の神を祭っているとしか思えない。

　あたりの料亭や茶店を触悪と見る人があるかも知れないが、私はそうは感じない。この美の神のまわりのものは私にとってはすべてが美で、すべてが善である。酔漢が一升徳利を抱えて暴れているのもいい。群集からこぼれ出て路端に傍若無人に立小便をしている男も見逃してやりたい。どんな狂態を演じても、どんな無軌道に振舞っても、この桜の前ならばあながち悪くはない。

〈九鬼周造『祇園の枝垂桜』より〉

※ 単語……

文節……□

参考資料②　活用する品詞について

現代の日本語は左のように十種類の品詞に分類されます。

- 単語
  - 自立語
    - 活用がある…述語になる（用言）
      - ウ段で終わる……①動詞
      - 「い」で終わる……②形容詞
      - 「だ」で終わる……③形容動詞
    - 活用がない
      - 主語になる（体言）……④名詞
      - 修飾語になる
        - 主に用言を修飾する……⑤副詞
        - 体言を修飾する……⑥連体詞
      - 独立語になる
        - 前後の接続を示す……⑦接続詞
        - 応答・感動などを示す……⑧感動詞
  - 付属語
    - 活用がある……⑨助動詞
    - 活用がない……⑩助詞

名詞、形容詞、形容動詞、助動詞は後ろにつく単語によって形を変えることがあります。これを「活用」と言います。活用には六つの種類があります。

- 未然形…「ない」「う」「よう」などに続く形
- 連用形…「て」「ます」「た」などに続く形
- 終止形…言い切りの形、または「そうだ」などに続く形
- 連体形…名詞に続く形
- 仮定形…「ば」に続いて仮定の意味を表す形
- 命令形…命令する形で言い切る

動詞の活用表

	語幹	未然形 ～ない ～う	連用形 ～ます ～た	終止形 。	連体形 ～とき	仮定形 ～ば	命令系 ！	
五段活用		a	i	u	u	e	e	
動く	動	か	き	く	く	け	け	カ行五段活用
思う	思	わ	い	う	う	え	え	ワ行五段活用
上一段活用		i	i	iる	iる	iれ	iる iれ	
起きる	起	き	き	きる	きる	きれ	きろ きよ	カ行上一段活用
借りる	借	り	り	りる	りる	りれ	りろ りよ	ラ行上一段活用
見る	○	み	み	みる	みる	みれ	みろ みよ	マ行上一段活用
下一段活用		e	e	eる	eる	eれ	eろ eよ	
受ける	受	け	け	ける	ける	けれ	けろ けよ	カ行下一段活用
流れる	流	れ	れ	れる	れる	れれ	れろ れよ	ラ行下一段活用
寝る	○	ね	ね	ねる	ねる	ねれ	ねろ ねよ	ナ行下一段活用
サ行変格活用								
する	○	し・さ・せ	し	する	する	すれ	しろ せよ	サ行変格活用
カ行変格活用								
来る	○	こ	き	くる	くる	くれ	こい	カ行変格活用

◉語幹の部分が○になっているものは語幹が存在しないものです。「みる」「きる」「にる」「でる」「ねる」などがそれにあたります。

◉「する」は別の語を前につけて「複合動詞」となることがあります。（相談する、静かにする、がっかりする、愛する、信ずる、いらいらする、お持ちする　など）

◉後ろに続く言葉を発音しやすくするため、本来の活用とは違う活用をすることがあります。これを「音便」と言い、動詞では一部の五段活用の連用形に生じます。音便には三種類あります。

イ音便…動詞の最後が「イ」になる。（動いたり、泳いだり　など）

促音便…動詞の最後が「ッ」になる。（待って、思って　など）

撥音便…動詞の最後が「ン」になる。（呼んで、噛んで　など）

◉動詞の語尾を「eru」の形にして「〜することができる」という意味にした動詞を可能動詞と言います。（書ける、読めるなど）

可能動詞は全て下一段活用となります。

◉二語以上の言葉が一つになった動詞を複合動詞と言います。（勝負する、話し合う、若返る、静かすぎる　など）

形容詞の活用表

	語幹	未然形	連用形	終止形	連体形	仮定形	命令系
		〜う	〜た 〜ない 〜なる	。	〜とき	〜ば	
高い	高	かろ	かっ く	い	い	けれ	○
楽しい	楽し	かろ	かっ く	い	い	けれ	○

◉形容詞の後ろに「ございます」が続く場合、形容詞の最後が「ウ」になるウ音便になることがあります。（面白うございます、美しゅうございます）

◉一部の動詞・形容詞は本来の意味を失い、直前の文節に意味を添えるための「補助動詞」「補助形容詞」となることがあります。補助動詞・補助形容詞の文節とその直前の文節によって「連文節」が形成されます。

◉形容詞の後ろに「ない」をつけることで上の語に打消しの意味を加えている語を補助形容詞（形式形容詞）と言います。（難しくない　など）助動詞の「ない」、形容詞の「ない」との区別をつけられるようにしましょう。

◉形容詞の語幹は次のような用法もあります。
・感動詞と一緒に使用して感動や驚きを表す（あ、痛っ　など）
・助動詞「そうだ」を続ける（速そうだ、辛そうだ など）「さ」「み」を続けて転成名詞を作る（暖かさ、深み　など）動詞や他の形容動詞を続けて複合動詞・複合形容詞を作る（近寄る、細長い　など）

形容動詞の活用表

	語幹	未然形	連用形	終止形	連体形	仮定形	命令系
		～う	～た ～ない ～なる	。	～とき	～ば	
静かだ	静か	だろ	だっ で に	だ	な	なら	○
元気だ	元気	だろ	だっ で に	だ	な	なら	○

◉形容動詞の語幹は次のような用法もあります。
・単独で熟語になる（わあ、きれい　など）
・「そうだ」「らしい」「です」などの助動詞に連なる（元気そうだ、不思議です　など）
・「さ」を続けて転成名詞となる（あいまいさ、静かさ　など）

◉動詞、形容詞、形容動詞はまとめて「用言」とも呼ばれます。

◉名詞は「体言」とも呼ばれます。

◉形容詞・形容動詞・名詞の後ろに「めく」「じみる」「ぶる」「ばむ」「がる」などの接尾語がつくことで動詞化したものを転成動詞と言います。（春めく、大人ぶる、汗ばむ、嫌がる　など）

助動詞の活用表

	未然形	連用形	終止形	連体形	仮定形	命令系
	～ない	～ます	。	～とき	～ば	！
使役…他に何かを動作をさせる。						
せる	せ	せ	せる	せる	せれ	せろ せよ
させる	させ	させ	させる	させる	させれ	させろ させよ
受け身…他から動作を受ける 尊敬…動作をする人への敬意を添える 自発…自然とそういう気持ちになる 可能…～することができる						
れる	れ	れ	れる	れる	れれ	（れろ） （れよ）
られる	られ	られ	られる	られる	られれ	（られろ） （られよ）
打消…動作や物事を打ち消す						
ない	なかろ	なかっ なく	ない	ない	なけれ	○
ぬ	○	ず	ぬ（ん）	ぬ（ん）	ね	○

推量…他のことや人を推し量る
意志…自分の決意を表す
勧誘・適当…誘ったり「こうした方がよい」

う	○	○	う	（う）	○	○
よう	○	○	よう	（よう）	○	○

希望…主に話し手の希望を表す

ない	なかろ	なかっ なく	たい	たい	なけれ	○
たがる	たがら たがろ	たがり たがっ	たがる	たがる	たがれ	○

過去…過ぎたことであることを表す
完了…動作がその時点で終わったことを表す
存続…その状態が続いていることを表す

た（だ）	たろ（だろ）	○	た（だ）	た（だ）	たら（だら）	○

丁寧…敬意を表す

ます	ませ ましょ	まし	ます	ます	ますれ	ませ（まし）

様態…「そのような様子がみられる」という意味を表す

そうだ	そうだろ	そうだっ そうで そうに	そうだ	そうな	そうなら	○

推定…今後のことを推定する

らしい	○	らしかっ らしく	らしい	らしい	らしけれ	○

打消の推量…「〜しないだろう」という意味を表す
打消の意志…「〜しないつもりだ」という意味を表す

まい	○	○	まい	（まい）	○	○

比況…何かに例える
例示…例を示して説明する
推定…不確かな断定

ようだ	ようだろ	ようだっ ようで ように	ようだ	ような	ようなら	○

断定…断定する意味を表す

だ	だろ	だっ で	だ	（な）	なら	○

丁寧な断定…聞き手への敬意を表しながら断定を表す

です	でしょ	でし	です	（です）	○	○

主語と述語の関係

◆参考資料③　活用しない品詞の応用的文法事項

助詞の種類と例文

他の語の後ろにつき、前にある語に意味を付け加える言葉のうち、後ろにつく語によって形が変わらないという特徴を持つ言葉を助詞といいます。助詞は大きく４つに分類されます。

格助詞

・主語であることを示す

例 僕が大会に出る　／　私の本　など

・連用修飾語であることを示す

例 君を誘いたい　／　会社に出勤する　／　北海道へ行く　／「こんばんは」とあいさつした　／　のりで貼る　／祖父母からプレゼントをもらった　／ぼくより君の方が数学の成績が良い　など

・連体修飾語であることを示す

例 父のナポリタンは絶品だ　など

・体言の資格であることを示す

例 私は料理を作るのが好きだ。など

・並立を示す

例 山と海、どちらに行きたい？　／　煮物や焼き魚などの和食が好きだ　／　暑いだの寒いだのと意見が割れている　／国語に数学、英語も勉強しなくてはならない

接続助詞

詳細は１章の１単元目で解説しています。

副助詞

・様々な語に接続して連用修飾語として意味を添える

例 今日は暑くない。（区別・限定）／　昨日も雪だった。（他と同じ）／　３日もかかるのですか？（強調）／　あっちもこっちも掃除ができていない。（並立）／　あなたにこそふさわしい役だ。（協調）／　天才と呼ばれた彼でもできない問題がある。（例をあげて類察する）／　ラーメンでも食べる？（例示）／　せめて手紙なり送ってください。（ひかえめな例示）／　海なり山なり、どこかに出かけようよ。（並立）／　ひとりきりでいたい。（限定）／　２日ほどお待ちください。（程度）／　塩コショウなどで味を調えてくだい。（例示）／　こんな番組など見たくない。（軽くみなす）／　漢字の読み書きさえできない。（例をあげて類察する）／　水道さえも止まってしまった。（添加）／　５時までに帰ります。（帰着点・時限）／　千円しかない。（限定）／　どれ

だけ練習したらうまくなるのだろうか。（程度）／　あの人だけには知られたくない。（限定）／　あれから十年ばかりたっただろうか。（程度）／　肉ばかり食べないでせ野菜も食べなさい。（限定）／　さっき帰ってきたばかりだ。（動作が終わったばかりということを示す）／　つい口出しをしたばかりにひどいめにあった。（原因の強調）／　五歳くらいならできると思うよ。（おおよその程度）／　何を考えているのやら、さっぱりわからない。（不確かなことを示す）／　寒いだの暑いだのとうるさい。（おおざっぱに並立する）／　野菜の皮だって食べられるんだよ。（例をあげる）／　熱が出ているせいか食欲がない。（不確かなことをします）／　プールに行こうか海にいこうか、どちらにしよう。（選択肢を並べる）／　入学前にノートとか鉛筆とか買わなくちゃ。（例示）／　少しずつ伸長が伸びている。（等しい割合で進む）／　夏祭りでは、やきそばだのたこやきだのといろいろな屋台が出ている。（代表例を並立する）　など

終助詞

- 文の終わりや切れ目につき、協調・疑問・呼びかけといった意味を付け加える

例 君はどう思うのか？／　さあ、やるぞ！／　みんなで遊びにいこうよ／　きっとうまくいくさ／　よくわからないんだよね／　ここでタバコを吸うな／　など

副詞の種類と例文

状態の副詞

- 動作・作用の様子を詳しく説明する

例 雲がゆっくり動く／　電車が突然揺れ始めた／　太陽がさんさんと降り注ぐ／　いとも簡単に弾いてみせた／　とても速く進む／　輪郭がはっきりと見える／　きっぱりと断った／　おのずと理解できる／　さらさらと髪がなびく

程度の副詞

- 物事の状態や性質の程度を示す

例 静岡県はここからかなり遠い／　もっと弾いてください／　かなり昔の楽器だ／　ずっと座っている／　ずいぶん長く待っている／　とても寒いところだ／　たいへん残念なことだ

呼応の副詞

- 特定の組み合わせのあるもの

例 多分その予言は外れるだろう／　もし晴れたら銀行に行こう／　なぜそんなことをするのか／　まるで猫のような動きだ

連体詞の分類

連体詞は以下の六つの形があります。

- 「この・その・あの・どの」（この本を買う　など）
- 「こんな」「そんな」「あんな」「どんな」「あんな」
- 「…な」の形（大きな犬、おかしな絵　など）
- 「…る」の形（ある朝、あらゆる料理、いわゆる少子化問題　など）
- 「…た（だ）」の形（たいしたものではない、とんだ問題が起こった）
- 「…が」の形（わが母校　など）

名詞の応用的文法事項

- 「事」という単語が補助的・形式的に使用される時は形式名詞と呼ばれ、原則としてひらがなで書かれます。（簡単なことだ、どういうことだろうか　など。）
- 二つの名詞が合わさって一語となった名詞を複合名詞といいます。（中国料理、携帯電話　など）

第2章

古文

1. 古文読解のコツ

日本語でありながら現代の言葉とは違う古文読解、苦労される方も多いですね。この単元では、読解のコツを学習していきましょう。古文単語をしっかり覚えることも重要ですよ！

次の文を例に、古文を読むときのポイントを学習していきましょう。

これも今は昔、比叡《ひえ》の山に児《ちご》ありけり。僧たち、宵のつれづれに、「いざ、かひもちひせむ。」と言ひけるを、この児、心寄せに聞きけり。さりとて、し出《い》ださむを待ちて寝ざらむも、わろかりなむ、と思ひて、片方《かたかた》に寄りて、寝たるよしにて、出で来るを待ちけるに、すでにし出だしたるさまにて、ひしめき合ひたり。

この児、さだめて驚かさむずらむと待ちゐたるに、僧の、「もの申しさぶらはむ。驚かせたまへ。」と言ふを、うれしとは思へども、ただ一度にいらへむも、待ちけるかともぞ思ふとて、今一声呼ばれていらへむと、念じて寝たるほどに、「や、な起こしたてまつりそ。幼き人は寝入りたまひにけり。」と言ふ声のしければ、あなわびし、と思ひて、今一度起こせかしと、思ひ寝に聞けば、ひしひしとただ食ひに食ふ音のしければ、すべなくて、無期《むご》ののちに、「えい。」といらへたりければ、僧たち笑ふことかぎりなし。

〈『宇治拾遺物語』児のそら寝〉

※今は昔……今となっては昔のことだが（説話の語り出しによく使われる言葉）
比叡の山……比叡山延暦寺。京都府と滋賀県の境にある。
児……貴族や武士の子で、学問や行儀見習いのために寺に預けられていた子。
宵……日没から夜中前の時間。
かひもち……ぼたもち。
もの申しさぶらはむ……丁寧によびかける時の言葉。
な起こしたてまつりそ……起こし申し上げるな。
思ひ寝……何かを思いながら寝ていること。

古文を100％しっかりと訳すのは難しいものです。まずは古文単語を覚えて、おおよその意味をとれるようになりましょう。その上で次の手順を用いて詳細を把握していきます。

手順1　前置き、設問、注釈など現代語で書かれている部分に目をとおす。
手順2　おおよその内容を把握する。
手順3　登場人物を把握する。
手順4　キーワードを見つけ、それに対する登場人物たちの動きを把握する。

注釈の確認

手順1の通り、現代語で書かれている部分に目を通しましょう。意味の取りにくい語句には注釈がついています。今回とりあげた文には前置きや設問がないので、注釈を確認しましょう。また、今回の文章では、次の五つに特に注目しましょう。

- 『比叡の山』は「比叡山延暦寺」というお寺を指していること。
- 『児』は貴族や武士の子で、学問や行儀見習いのために寺に預けられていること。
- 『宵』は日没から夜中前の時間を指すこと。
- 『かひもち』は「ぼたもち」という意味であること。
- 『な起こしたてまつりそ』は「起こし申し上げるな」という意味であること。

これらをもとにすると、次のことがわかります。

- 比叡山延暦寺に学問・行儀見習いをしている子どもがいた。
- 夜、ぼたもちが話題になった。
- 誰かが誰かに「起こしてはいけない」と言った（＝寝ている人がいた）

あらすじを把握する

手順2の通り、全体をざっくりと読み、意味の取れる文をつなぐことであらすじを掴《つか》んでいきましょう。単語をつないでいくだけでもおおよその内容を理解することができますよ。

これも今は昔《昔》、比叡の山《比叡山》に児《に子ども》ありけり《いた》。僧たち《僧たち》、宵《夜》のつれづれに、「いざ、かひもち《ぼたもち》ひせむ。」と言ひける《言った》を、この児《この子ども》、心寄せに聞きけり《聞いていた》。さりとて、し出ださむを待ちて寝ざらむ《待って寝ない》も、わろかりなむ《悪い》、と思ひて《思って》、片方に寄りて、寝たるよし《寝てる様子》にて、出で来る《出てくる》を待ちける《待っていた》に、すでに《すでに》し出だしたるさまにて《出てきた様子で》、ひしめき合ひたり。

この児《この子ども》、さだめて驚かさむずらむ《起きる》と待ちゐたる《待っている》に、僧の《僧が》、「もの申しさぶらはむ。驚かせたまへ《起きてください》。」と言ふを《言うのを》、うれしとは思へども《嬉しいと思うけれど》、ただ一度に《一度で》いらへむも《答えるのも》、待ちけるかともぞ思ふとて、今一声《もう一度》呼ばれて《呼ばれて》いらへむと《答えよう》、念じて寝たる《我慢して寝た》ほどに、「や、な起こしたてまつりそ《起こし申し上げるな》。幼き人は寝入りたまひにけり《幼い人(子ども)は寝ている》。」と言ふ声のしければ《という声がする》、あなわびし《つらい》、と思ひて《思って》、今一度起こせかしと、思ひ寝に聞けば、ひしひしとただ食ひに食ふ音のしければ《ただ食べに食べる音がする》、すべなくて《方法がなくて》、無期ののちに、「えい。」といらへたりければ《答えたら》、僧たち笑ふ《僧たちは笑う》ことかぎりなし。

左の文章について、赤字で書かれている部分のみを読んでみてください。すべての文章を訳しているわけではありませんが、ざっくりと単語をつないでいくだけでも、おおよその意味がとれることが分かるのではないでしょうか。

今回の文章は、次のような内容になっています。

- 比叡山に子どもがいた(比叡山には延暦寺というお寺があります)。
- 僧たちが夜ぼたもちを食べようとし始めた。
- 子どもは寝ていたがその声が聞こえた。
- ぼたもちを待って寝ないのも良くないと思ったので寝ているふりをした。
- 僧が起こしてくれたが、一回で返事をしていたら待っていたようだと思われそうなので二回目で返事をするつもりだった。
- 「子どもは寝ているのだから起こしてはいけない」という声が聞こえた。
- 僧たちはぼたもちを食べていて起こしてくれないので、仕方なく返事をした。

登場人物の把握

手順3の通り、物語のように登場人物がいる場合には誰がどのような動きをしているのか、どのように感じているのかを整理していきましょう。古文読解でも、現代文とやるべきことは同じです。

先ほどの「要旨を把握する」で読み解いた内容から考えると、登場人物は次のようになります。

児 比叡山にいる子ども。寝ているときに僧たちがぼたもちを食べ始めたのに気付き、自分も誘ってもらえないかと待っている。

僧たち 夜、ぼたもちを食べている。

この文章の主人公は児ですので、児を中心に物語を追っていきましょう。

キーワードに対する登場人物の反応

手順4の通り、キーワードになる「ぼたもち」をめぐる登場人物の動きを見ていきましょう。

児

・僧たち、宵のつれづれに、「いざ、かひもちひせむ。」と言ひけるを、この児、心寄せに聞きけり。

【訳】僧たちが夜することもなく手持ちぶさただったので、「さあ、ぼたもちを作ろう。」と言ったのを、この児は、期待して聞いていた。

・し出ださむを待ちて寝ざらむも、わろかりなむ、と思ひて、片方に寄りて、寝たるよしにて、出で来るを待ちける。

【訳】（僧たちがぼたもちを）作り上げるのを待って寝ないのも、悪いだろう、と思って、片隅に寄って、寝たふりをして、（ぼたもちが）出てくるのを待っていた。

僧

・**すでにし出だしたるさまにて**

【訳】すでに（ぼたもちを）作り上げた様子で

児

・**この児、さだめて驚かさむずらむと待ちゐたるに**

【訳】この児は、きっと（僧が「ぼたもちを食べよう」と）起こしてくれるだろうと待っていると

僧

・**「もの申しさぶらはむ。驚かせたまへ。」**

【訳】もしもし。起きてくださいな

⬇これに対して**児**は

・**「うれしとは思へども、ただ一度にいらへむも、待ちけるかともぞ思ふとて、今一声呼ばれていらへむと、念じて寝たるほどに」**

【訳】嬉しいと思うけれど、一度で答えるのも、待っていたと思われるかもしれないと思って、もう一度呼ばれてから答えようと、我慢して寝ていると

・**「や、な起こしたてまつりそ。幼き人は寝入りたまひにけり。」**

【訳】「これ、起こし申し上げるな。幼い人は寝入ってしまわれた。」

⬇これに対して**児**は

・**「あなわびし、と思ひて、今一度起こせかしと、思ひ寝に聞けば」**

【訳】ああ、つらい、と思って、もう一度起こしてくれと、思い寝ながら聞いていると

僧

・**ひしひしとただ食ひに食ふ音のしければ**

【訳】（僧たちが）むしゃむしゃとひたすら食べている音がしたので

児

・すべなくて、無期ののちに、「えい。」といらへたりければ

【訳】どうしようもなくて、長い時間が経ったあとに、「はい。」と答えたので

⬇これに対して**僧たち**は

・笑ふことかぎりなし

【訳】笑うことこの上ない

このように、登場人物がどのように感じ、行動していたのかを追っていきましょう。（これは現代文でも同じですね！）今回例としてあげた物語文以外にも、評論のような古文が出題されることもあります。現代文でも古文でも、評論の方が難しく感じて苦手という方が多いですが、基本的な読み解き方は同じです。慌てずしっかり見ていきましょう。

主語を把握する

古文では、主語を省略して書いてあることがよくあります。この省略された主語を把握しながら読んでいくことがポイントです。

ポイント

主語を把握する時は次の六つに気を付けましょう。

①　地の文において、**人物名が書かれている時はその人物が主語になる。**

例　僧たち、宵のつれづれに、「いざ、かひもちひせむ。」と言ひけるを

⬇僧たちが、夜の手もちぶさたな折に、「さあ、夜ぼたもちを作ろう」と言ったのを（人物名の後ろに「が（・を・や）」を入れて訳すとわかりやすくなります。）

②　接続助詞「て」「で」「つつ」の**前後は主語が同じことが多い。**

例　この児、心寄せに聞きけり。さりとて、し出ださむを待ちて寝ざらむも、わろかりなむ、と思ひて、片方に寄りて、寝たるよしにて、

⬇児が楽しみにして聞いていた。だからといって（ぼたもちが完成して）出てくるのを待って寝ないのも良くないと思って、（部屋の）片隅に寄って、寝たふりをして

③　文章中に同じような動作が出てきたら、**主語は同じ可能性が高い。**

例　片方に寄りて、寝たるよしにて

⬇（児は）（部屋の）片隅に寄って、寝たふりをして

今一声呼ばれていらへむと、念じて寝たるほどに、

⬇（児は）もう一度呼ばれたら返事をしようと、我慢して寝ていると

今一度起こせかしと、思ひ寝に聞けば、
⬇（児は）「もう一度起こしてくれよ」と思って寝ながら聞いていると

④ 接続助詞「を」「に」「ば」が出てきたときは主語が変わることが多い。

例 今一度起こせかしと、思ひ寝に聞けば、ひしひしとただ食ひに食ふ音のしければ、すべなくて、
⬇（児は）「もう一度起こしてくれよ」と思って寝ながら聞いていると、（僧たちが）むしゃむしゃとひたすら食べている音がしたので、（児は）どうしようもなく

※「を」「に」「ば」の前に気持ちを表すことばや名詞・代名詞・数詞がある場合は主語が変わらないことが多いので気を付けましょう。

⑤ 地の文において、**敬語が使われている時は著者よりも身分が上の人が主語になる。**
敬語にも種類があることは、一章で学習しました。筆者または登場人物（話し手・動作主）が誰に敬意を表したいかによって使用する敬語の種類が変わっていきます。筆者または登場人物が敬意を表している相手がわかれば、主語を掴むヒントになります。

- 尊敬語……動作の担い手への敬意を表わす。
- 謙譲語……動作の受け手への敬意を表わす。
- 丁寧語……話している相手への敬意を表わす。

⑥ 会話文中に出てきたのが**尊敬語・または命令形の場合は会話をしている相手が、それ以外は会話をしている本人が敬意の対象。**
※天皇に対する敬語表現の場合は、天皇が話している「」の中は敬語・または命令形が含まれることがあります。

	敬語表現の種類	現代語訳
尊敬語	おはす います おはします	いらっしゃる お出かけになる、いらっしゃる ～なさる、～ていらっしゃる
	のたまふ　のたまはず おほす	おっしゃる
	ごらんず	ご覧になる
	きこしめす	お聞きになる 召し上がる
	おぼす おぼしめす	思いになる
	しろしめす しろしめす	お知りになる お治めになる
	たまふ たぶ	お与えになる・くださる、 ～なさる、お～になる
	おほとのごもる	お休みになる

	敬語表現の種類	現代語訳
尊敬語	めす	お呼びになる 召し上がる お乗りになる お召しになる
	まめる	召し上がる
	たてまつる	召し上がる お乗りになる お召しになる
	あそばす	なさる
謙遜語	まうす	申し上げる お～申し上げる
	きこゆ きこえさす	申し上げる お～申し上げる
	そうす	奏上する・申し上げる

種類	敬語表現	現代語訳
謙遜語	けいす	啓上する・申し上げる
謙遜語	まみる	伺う・参上する 差し上げる してさしあげる
謙遜語	まうづ	伺う・参上する
謙遜語	まかる まかづ	退出する 参る
謙遜語	まみらす	差し上げる お~申し上げる
謙遜語	たてまつる たてまつらす	差し上げる お~申し上げる
謙遜語	たまふ	いただく させていただく

種類	敬語表現	現代語訳
謙遜語	たまはる	いただく
謙遜語	うけたまはる	いただく お聞きする・うかがう
謙遜語	つかまつる つかうまつる	お仕えする いたす・してさしあげる
謙遜語	はべり さぶらふ・さうらふ	いる・おそばに控える お仕えする
丁寧語	はべり さぶらふ・さうらふ	あります

主語をとらえる際、日記や随筆では「筆者」も登場人物のひとりとして数えられることにも注意しておきましょう。

【補足】歴史的仮名遣い

古文を音読するとき、ひらがなで書かれている部分の発音が現在と異なる場合があります。まずは五十音表で表記が異なる部分を確認しましょう。

【現代語　ひらがな】

ん	わ	ら	や	ま	は	な	た	さ	か	あ
	い	り		み	ひ	に	ち	し	き	い
	う	る	ゆ	む	ふ	ぬ	つ	す	く	う
	え	れ		め	へ	ね	て	せ	け	え
	を	ろ	よ	も	ほ	の	と	そ	こ	お

【歴史的仮名遣い　ひらがな】

ん	わ	ら	や	ま	は	な	た	さ	か	あ
	ゐ	り		み	ひ	に	ち	し	き	い
	う	る	ゆ	む	ふ	ぬ	つ	す	く	う
	ゑ	れ		め	へ	ね	て	せ	け	え
	を	ろ	よ	も	ほ	の	と	そ	こ	お

【現代語　カタカナ】

ン	ワ	ラ	ヤ	マ	ハ	ナ	タ	サ	カ	ア
	イ	リ		ミ	ヒ	ニ	チ	シ	キ	イ
	ウ	ル	ユ	ム	フ	ヌ	ツ	ス	ク	ウ
	エ	レ		メ	ヘ	ネ	テ	セ	ケ	エ
	ヲ	ロ	ヨ	モ	ホ	ノ	ト	ソ	コ	オ

【歴史的仮名遣い　カタカナ】

ン	ワ	ラ	ヤ	マ	ハ	ナ	タ	サ	カ	ア
	ヰ	リ		ミ	ヒ	ニ	チ	シ	キ	イ
	ウ	ル	ユ	ム	フ	ヌ	ツ	ス	ク	ウ
	ヱ	レ		メ	ヘ	ネ	テ	セ	ケ	エ
	ヲ	ロ	ヨ	モ	ホ	ノ	ト	ソ	コ	オ

◉歴史的仮名遣いのその他のルール

次に、表記と発音が違うものを見てみましょう。

① はひふへほ→あいうえお

例 おほかた→おおかた　おほえる→おおえる

② ア段の音＋う・ふ→オ段の音＋う

例 まうけ→もうけ　たふとぶ→とうとぶ

③ イ段の音＋う・ふ→イ段の音＋ゅう

例 たのしう→たのしゅう　しうと→しゅうと　こんりふ→こんりゅう

④ エ段の音＋う・ふ→イ段の音＋ょう

例 れうり→りょうり　でうし→ちょうし　けふ→きょう

⑤ ぢ→じ

例 ぢめん→じめん

⑥ づ→ず

例 出づ→出ず

⑦ くわ→か

例 くわじ→かじ（火事）

⑧ 助詞の「なむ」、助動詞の「む」「むず」「らむ」「けむ」の〝む〟→ん

例 歌をなむよみていだしたりける→歌をなんよみていだしたりける　我、行かむ→我、行かん

Step 基礎問題

■ 次の文章を読んで、問一～五に答えなさい。

（　　）問中（　　）問正解

これも今は昔、比叡《ひえ》の山に児《ちご》ありけり。僧たち、宵のつれづれに、「いざ、かひもちひせむ。」と言ひけるを、この児、心寄せに聞きけり。さりとて、し出《い》ださむを待ちて寝ざらむも、わろかりなむ、と Ⓐ思ひて、片方《かたかた》に寄りて、寝たるよしにて、出で来るを待ちけるに、すでにし出だしたるさまにて、ひしめき合ひたり。

この児、さだめて驚かさむずらむと Ⓑ待ちゐたるに、僧の、「もの申しさぶらはむ。驚かせたまへ。」と言ふを、うれしとは思へども、ただ一度にいらへむも、待ちけるかともぞ思ふとて、今一声呼ばれていらへむと、念じて寝たるほどに、「や、な起こしたてまつりそ。幼き人は寝入りたまひにけり。」と言ふ声のしければ、Ⓒあなわびし、と思ひて、今一度起こせかしと、思ひ寝に聞けば、ひしひしとただ食ひに食ふ音のしければ、すべなくて、無期《むご》ののちに、「えい。」と、Ⓓいらへたりければ、僧たち笑ふことかぎりなし。

〈『宇治拾遺物語』　児のそら寝〉

問一　傍線部Ⓐ「思ひて」の主語として最も適当なものを①～③のうちから一つ選びなさい。

①　筆者　　②　児　　③　僧

問二 傍線部Ⓑ「待ちゐたるに」について、何を待っていたのか最も適切なものを①～③のうちから一つ選びなさい。

① 僧が児をびっくりさせるのを
② 僧が児にぼたもちを分けてくれるのを
③ 僧が児を起こすのを

問三 傍線部Ⓒ「あなわびし」について、なぜこのような気持ちになったのか最も適切なものを①～③のうちから一つ選びなさい。

① 気持ちよく寝ていたのに起こされてしまったから。
② 起こしてもらえないとぼたもちが食べられないから。
③ 返事をしたのに気付いてもらえなかったから。

問四 傍線部Ⓓ「いらへたりければ」の主語として最も適当なものを①～③のうちから一つ選びなさい。

① 筆者　② 児　③ 僧

問五 物語全体の説明として**不適切なもの**を①～③のうちから一つ選びなさい。

① 僧たちがぼたもちを食べ始めたとき、児は自分も食べたかったが、自分から起きていくことができずに起こしてもらえるのを待っていた。
② 児は、起こしてもらってすぐに返事をしては待っていたと思われそうだったので二度目で返事をしようと考えていた。
③ 僧たちが起こしてくれたので、児と僧は一緒にぼたもちを作ることができた。

Jump

レベルアップ問題

■ 次の文章を読んで、問一～五に答えなさい。

（　　）問中（　　）問正解

仁和寺にある法師、年寄るまで、石清水《いはしみず》を拝まざりければ、Ⓐ心うく覚えて、ある時思ひ立ちて、たゞひとり、徒歩《かち》より詣でけり。極楽寺《ごくらくじ》・高良《かうら》などを拝みて、Ⓑかばかりと心得て帰りにけり。

さて、かたへの人にあひて、Ⓒ年ごろ思ひつること、果たしはべりぬ。聞きしにも過ぎて、尊くこそおはしけれ。そも、参りたる人ごとに山へ登りしは、何事かありけん、ゆかしかりしかど、神へ参るこそ本意《ほい》なれと思ひて、山までは見ずと言ひける。

Ⓓ少しのことにも、先達《せんだち》はあらまほしき事なり

〈『徒然草』　仁和寺にある法師〉

※仁和寺……京都にある真言宗御室派の総本山。

石清水……京都にある石清水八幡宮。男山の山上にある。ふもとには付属の獄楽寺・高良神社があった。

かばかり……これだけだ

かたへの人……仲間

年ごろ……長年

そも……それにしても

ゆかしかりしかど……知りたかったけれど

先達……先導者、先輩、指導者

問一 傍線部Ⓐ「心うく」の現代語訳として最も適当なものを次の①～③のうちから一つ選びなさい。

① 浮ついた気持ちに
② 残念に
③ 愛らしいと

問二 傍線部Ⓑ「かばかりと心得て」について、僧は何を行ったと思い満足したのか、具体的な内容として最も適当なものを次の①～③のうちから一つ選びなさい。

① 今まで石清水八幡宮を参拝しなかったこと。
② 石清水八幡宮を参拝したこと。
③ ひとりで極楽寺・高良を参拝できたこと。

問三 傍線部Ⓒ「年ごろ思ひつること」について、何を思っていたのか具体的な内容として最も適当なものを次の①～③のうちから一つ選びなさい。

① ずっと仁和寺にいたいということ。
② 石清水八幡宮に参拝に行きたいということ。
③ 先導してくれる人は必要であるということ。

問四 傍線部Ⓓ「少しのことにも、先達はあらまほしき事なり」について、このように思った理由はなぜか、最も適当なものを次の①～③のうちから一つ選びなさい。

① ひとりで歩いていって危ない目にあったから。
② 極楽寺・高良を参拝することができなかったから。
③ 山の上に石清水八幡宮があることを知らずに帰ってきてしまったから。

問五　僧の台詞として**不適切なもの**はどれか、次の①～③のうちから一つ選べ。

①「たゞひとり、徒歩より詣でけり。」

②「年ごろ思ひつること、果たしはべりぬ。聞きしにも過ぎて、尊くこそおはしけれ。」

③「そも、参りたる人ごとに山へ登りしは、何事かありけん、ゆかしかりしかど、神へ参るこそ本意なれと思ひて、山までは見ず」

これも今となっては昔のことだが、比叡山の延暦寺に児がいた。僧たちが、夜することもなく手持ちぶさただったので、「さあ、ぼたもちを作ろう。」と言ったのを、この児は、期待して聞いていた。そうかといって、(僧たちがぼたもちを)作り上げるのを待って寝ないのも、悪いだろう、と思って、片隅に寄って、寝てるふりをして、(ぼたもちが)出てくるのを待っていると、すでに(ぼたもちを)作り上げた様子で、騒ぎたてあっている。
この児は、きっと(僧が「ぼたもちを食べよう」と)起こしてくれるだろうと待っていると、僧が、「もしもし。起きてくださいな。」と言うのを、嬉しいと思うけれど、一度で答えるのも、待っていたと思われるかもしれないと思って、もう一度呼ばれてから答えようと、我慢して寝ていると、「これ、起こし申し上げるな。幼い人は寝入りなさってしまった。」と言う声がするので、(児は)ああ、つらい、と思って、もう一度起こしてくれと、思い寝ながら聞いていると、(僧たちが)むしゃむしゃとただ食べに食べている音がしたので、どうしようもなくて、長い時間が経ったあとに、「はい。」と答えたので、僧たちは笑うことこの上ない。

問一【②】

接続助詞「て」「で」「つつ」の前後は主語が同じことが多いことを学習しました。傍線部より前に主語として出てくる言葉を探してみましょう。「この児、心寄せに聞きけり。さりとて、し出ださむを待ちて寝ざらむも、わろかりなむ、と思ひて、」とあります。この部分の主語は「この児」です。したがって正解は②です。

問二【③】

　この問題は、あらすじを把握した上でキーワードである「ぼたもち」に対して登場人物がどのように反応していたかを確認することで解くことができます。物語は、児が寝ようとしているときに僧たちがぼたもちを食べようと話しているところからはじまります。傍線部はそれを聞いていた児は、「食べたいな、起こして『ぼたもちを食べよう』と誘ってくれないかな」と思っている場面です。したがって正解は③です。

問三【②】

　傍線部C「あなわびし」は「ああ、つらい」と訳します。なぜつらいと感じたのかを読み取りましょう。傍線部も含めた周辺を見てみます。「『や、な起こしたてまつりそ。幼き人は寝入りたまひにけり。』と言ふ声のしければ、あなわびし、と思ひて、」とあります。ここを現代語訳すると「『これ、起こし申し上げるな。幼い人は寝入ってしまわれた。』と言う声がするので、(児は)ああ、つらい、と思って、」となります。問二の解説で、児はぼたもちを食べようと起こしてもらえるのを持っていたということを読み取りました。起こしてくれた僧がいたものの、その僧は別の僧から「起こしてはいけない」と言われてしまい、これを聞いていた児は起きるタイミングを失ってしまったのですね。したがって正解は②です。起こされてすぐに起きなかった理由としては、「ただ一度にいらへむも、待ちけるかともぞ思ふとて、今一声呼ばれていらへむと、念じて寝たるほどに、」という部分に書かれています。この部分を現代語訳すると「一度で答えるのも、待っていたと思われるかもしれないと思って、もう一度呼ばれてから答えようと、我慢して寝ていると、」となります。

問四【②】

　接続助詞「を」「に」「ば」が出てきたときは主語が変わることが多いことを学習しました。傍線部の後ろを見ると、「僧たち笑ふことかぎりなし。」とあります。「いらへたりければ」以降で主語が変わるということは、「いらへたりければ」の主語は僧たちではないということになります。「無期ののちに、「えい。」といらへたりければ、」を現代語訳すると「長い時間が経ったあとに、「はい。」と答えたので」となります。あらすじを確認すると、返事をしようと考えていたと書かれているのは児です。したがって正解は②となります。

問五 【③】

不適切なものを選ぶ問題であることに注意しましょう。あらすじを確認しながら各選択肢を確認していきましょう。①については一段落目から、②については二段落目の前半から読み取ることができます。③について、一段落目に「すでにし出だしたるさまにて」とあります。これを現代語訳すると「すでに(ぼたもちを)作り上げた様子で、」となります。この時点でぼたもちが完成していたことが分かります。児が起きたのは二段落目の最後にある「無期ののちに、『えい。』といらへたりければ、僧たち笑ふことかぎりなし。(長い時間が経ったあとに「はい。」と答えたので、僧たちは笑うことこの上ない。)』という部分ですので、児はぼたもち作りには参加していません。したがって正解は③です。

レベルアップ問題　解説

仁和寺にいた法師が、歳を取るまで石清水八幡宮に参拝したことがなかったので、残念に思って、ある日思い立って、一人で徒歩で参拝した。極楽寺や高良などを拝んで、これでいいだろうと思って帰ってしまった。さて、仲間の法師に「ずっと思っていたことを果たしてきた。耳にしていた以上に尊かった。そういえば、参拝している人たちがみな山に登っていたのは、そこに何かあったのだろう。それを知りたかったが、参拝するのが本来の目的だと思って、山の上までは登らなかった」と言った。ほんの些細なことであっても、先導する人はいてほしいものである。

問一【②】

「心うく」は形容詞の「うし」が活用したものです。（活用については章末の参考資料を確認してください。）漢字で書くと「心憂し」となります。現代語訳は「残念に」「情けなく」となります。したがって正解は②となります。「憂」という字は「心配する」「つらい」という意味を持つ字であることも合わせて知っておきましょう。

問二【②】

「かばかりと心得て」の現代語訳は「これでいいだろうと思って」となります。僧は石清水八幡宮を参拝することを目的としていましたので、目的を達成したと考え、「これでいいだろう」と思ったようです。したがって正解は②となります。

問三【②】

「年ごろ思ひつること」の現代語訳は「ずっと思っていたこと」となります。この文章では、「石清水を拝まざりければ」「極楽寺・高良（注釈を見ると、これらは石清水八幡宮がある男山のふもとにあることが分かります）」「山へ登りしは」「山までは見ず」など、石清水八幡宮に関することが多く書かれているので、石清水八幡宮がキーワードになっていると考えられます。僧が石清水八幡宮に対してどのように考えていたかについては「年寄るまで、石清水を拝まざりければ心うく覚えて」という部分から読み取ることができます。この部分を現代語訳すると「歳を取るまで石清水八幡宮に参拝したことがなかったので、残念に思って」となります。したがって正解は②となります。

問四　【③】

注釈に石清水八幡宮の立地について書かれていますので確認してみましょう。「京都にある石清水八幡宮。男山の山上にある。ふもとには付属の獄楽寺・高良神社があった」とあります。しかし、本文中の「そも、参りたる人ごとに山へ登りしは、何事かありけん、ゆかしかりしかど、神へ参るこそ本意なれと思ひて、山までは見ず」と言ひける。」という部分で、僧が石清水八幡宮に参拝した時の出来事について仲間に話しています。ここを現代語訳すると「そういえば、参拝している人たちがみな山に登っていたのは、そこに何かあったのだろう。それを知りたかったが、参拝するのが本来の目的だと思って、山の上までは登らなかった」となります。僧は石清水八幡宮が山の上にあることを知らずに帰ってきてしまったということですね。したがって正解は③となります。

問五　【①】

この文章には「」がついている部分がありませんので、見た目で台詞の部分を判断することはできません。要旨を把握して考えていきましょう。一段落目では仁和寺の法師が石清水八幡宮に参拝した時のことについて、二段落目では参拝の時のことについて仲間に話している時の様子、三段落目では一・二段落目の内容を受けての結論が書かれています。台詞ということは話し相手が必要ですから、台詞は二段落目に出てくると判断ができます。二段落目を現代語訳すると「さて、仲間の法師にずっと思っていたことを果たしてきた。耳にしていた以上に尊かった。そういえば、参拝している人たちがみな山に登っていたのは、そこに何かあったのだろう。それを知りたかったが、参拝するのが本来の目的だと思って、山の上までは登らなかった」と言った。となります。したがって正解は①となります。

2. 古文読解　基礎編

この単元では、登場人物や物語のキーワードについてより深く読み解いていきます。前の単元で学習した内容と合わせて、読解の訓練をしていきましょう。

次の文を読んで、古文読解の基礎を学習していきましょう。

　今は昔、丹波の国に住む者あり。田舎人なれども、心に情ある者なりけり。それが妻を二人持ちて、家を並べてなむ住ませける。本の妻はその国の人にてなむありける。それをばⒶあぢきなげに思ひ、今の妻は京より迎へたる者にてなむありける。それをば思ひ増さりたる様なりければ、本の妻心うしと思ひてぞ過ぐしける。しかる間、秋、北の方に、山里にてありければ、後の山の方に、いとあはれげなる音にて、鹿の鳴きければ、男今の妻の家に居たりける時にて、妻に「こはいかが聞きたまふか。」といひければ、今の妻、「煎物にても甘し、焼物にてもうまき奴ぞかし。」といひければ、男、心に違ひて、「『京の者なれば、かやうのことをば興ずらむ』とこそ思ひけるに、少し心づきなし」と思ひて、ただ本の妻の家に行きて、男、「この鳴きつる鹿の音は聞きたまひつるか」といひければ、本の妻かくなむいひける。

《われもしかなきてぞ君に恋ひられし今こそこゑをよそにのみきけ》

と。男これを聞きていみじくあはれと思ひて、今の妻のいひつること、思ひ合はせられて、Ⓑ今の妻の志失せにければ京にて送りてけり。さて本の妻となむ住みける。

〈『今昔物語集』巻三十〉

問一　傍線部A「あぢきなげ」と思ったのは誰か、最も適切なものを選びなさい。
①　本の妻
②　男

問二　傍線部B「今の妻の志失せにければ」の理由として最も適切なものを選びなさい。
①　京都の人ならば風流を理解するだろうと思っていたのに期待外れだったから。
②　田舎の人間なのに質問に対して歌で返すという趣深い行動をしたから。

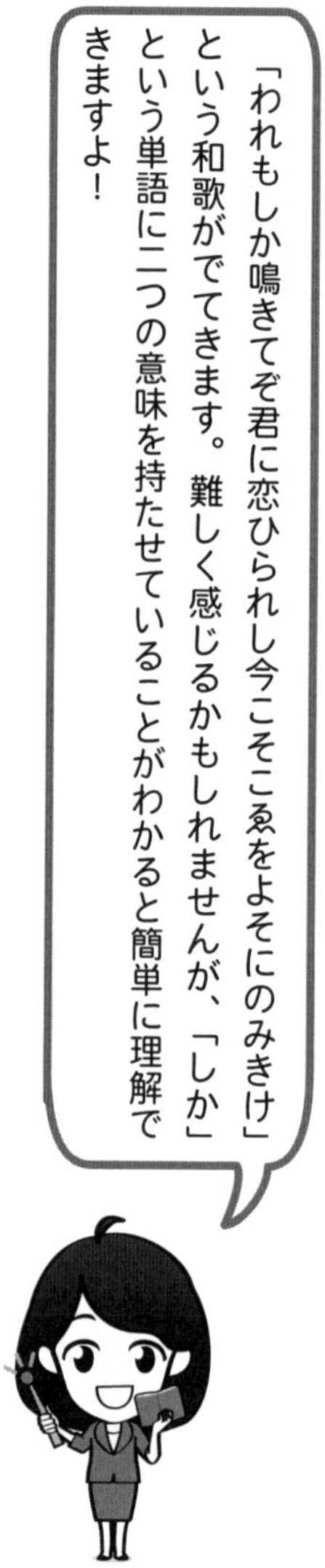
「われもしか鳴きてぞ君に恋ひられし今こそこゑをよそにのみきけ」という和歌がでてきます。難しく感じるかもしれませんが、「しか」という単語に二つの意味を持たせていることがわかると簡単に理解できますよ！

前の単元で、古文読解のための四つの手順を学習しました。四つの手順のうち、どれが使えるか考えながら次からのページを学習していきましょう。

登場人物

登場人物が何人いるのか、どのような人が出てきているのかを把握することが大切です。今回は三人の登場人物がいます。

丹波の国の男

丹波は現在の兵庫県にあたり、当時の都であった京都から見ると田舎でした。**「田舎人なれども、心に情ある者なりけり」**という部分から、情趣を解する人であったことがわかります。

本の妻

「本の妻はその国の人にてなむありける」という部分から、男と同じ丹波の国の人であることがわかります。男は妻が同じ田舎出身であることをつまらなく思い（**「それをばあぢきなげに思ひ」**）今の妻を京都から迎えています。男の心は、今の妻への思いの方が強いことを辛く感じていることが、**「それをば思ひ増さりたる様なりければ、本の妻心うしと思ひてぞ過ぐしける」**からわかります。

今の妻

「今の妻は京より迎えたる者にてなむありける」という部分から、男が京から迎えた妻であることがわかります。**「それをば思ひ増さりたる様なりければ」**という部分から、男の愛情を受けているのは今の妻の方であることがわかります。

この二人の妻が、男のある問に対してどのように返答したかによって、男の心が変化していく様子が書かれています。

キーワードに対する登場人物の反応

「北の方に、山里にてありければ、後の山の方に、いとあはれげなる音にて、鹿の鳴きければ」という文があります。しみじみとした鹿の鳴き声を聞いて、男は二人の妻にどう感じたかを聞いています。妻がどのように答えたかによって、この後の男の反応が変わっています。ここが読解の鍵になります。

今の妻

「『煎物にても甘し、焼物にてもうまき奴ぞかし』」と答えています。現代語訳すると、「煮物にしても甘く、焼き物にしてもおいしいものですよ」という意味です。

これに対する**男**の気持ちは「心に違ひて、『京の者なれば、かやうのことをば興ずらむ』とこそ思ひけるに、少し心づきなし』」という部分から読み取ることができます。京の人であれば、このような風流なことに興味があるだろうと期待していたのに自分の思っている答えではなく、気に入らなかったようです。

本の妻

「われもしかなきてぞ君に恋ひられし今こそこゑをよそにのみきけ」という和歌で返事をしてきました。「私も以前はあの鹿のようにあなたに恋をされました（今ではあなたの声をよそに聞くばかりですが）」という内容です。風流を解《かい》さない田舎ものだと思っていた本の妻のこの返しに、**男**は「いみじくあはれと思ひて」、つまり「とても、しみじみと心を動かされた」のでした。

風流がある人（今でいう教養がある人）にとっては、和歌は非常に重要なものです。それぞれの想いを和歌で伝えるということが常識だったといえます。また、昔の貴族たちは結婚するまで相手の顔を見ることはありませんでした。したがって、男性は女性の情報を世間の評判などを手がかりに得たり、時には女性の家の垣根越しに覗いてみたりすることで、恋愛相手を探そうとしました。そして、女性に恋をした場合には、和歌などの手紙のやりとりで相手と気持ちを伝えあっていました。

問一の解き方

普段、私たちが話をするとき、主語を省略して話をすることがよくありますね。古文の世界でも同じです。あらすじを正しく把握するために、**省略された主語を意識して読んでいきましょう。**

先ほど **登場人物** について整理した際、本の妻について「男は妻が同じ田舎出身であることをつまらなく思い（『**それをば**

あぢきなげに思ひ』）今の妻を京都から迎えています。」と整理しました。この部分から、正解は②「男」であることが分かります。

では、なぜ男は妻が田舎出身であることをつまらなく思っていたのでしょうか。男について、最初に「田舎人なれども、心に情ある者なりけり」と紹介されているのを、先ほど登場人物について整理した際にも確認しましたね。情趣を解する男は、田舎で生活をしている人よりも都できらびやかに生きている人の方が自分と趣味が合うと考えていたようです。流行は都心から始まる、というのは今も昔も変わらないということかもしれませんね。

問二の解き方

そもそも、なぜ本の妻がいながら今の妻を迎えたのか、ということから考えていきましょう。問一の解き方でも説明した通り、男は「田舎で生活をしている人よりも都できらびやかに生きている人の方が自分と趣味が合うと考えていた」ようです。そのため、同じ田舎出身の妻ではなく、都で生活していた女性の方が趣味が合うのではないか、そういう人と生活を共にしたいと考えたのでしょう。

しかし、**キーワード**に対する登場人物の反応の部分で、鹿の鳴き声について本の妻と今の妻に感想を尋ねたときは男の予想と妻たちの反応はずいぶん違いましたね。男が理想としていた情緒のある返答をしてきたのは、田舎出身でつまらないと思っていた本の妻の方で、京から迎えた今の妻は即物的に反応をしてきました。これが男が今の妻への興味を失った理由でしたので、正解は①「京都の人ならば風流を理解するだろうと思っていたのに期待外れだったから」となります。

問一も問二も、登場人物について整理したこと、「鹿」というキーワードに対してそれぞれの登場人物がどのように感じ行動したかについて整理できていれば解ける問題でしたね。現代文も古文も、「書かれている内容に対して整理をして解答する」ということは同じです。

次の単元では、より実践的なテクニックについてもお伝えいたしますね。

Step 基礎問題

（　　）問中（　　）問正解

■ 次の文章を読んで、問一～十に答えなさい。

今は昔、丹波の国に住む者あり。田舎人なれども、心に情ある者なりけり。それが妻を二人持ちて、家を並べてなむ住ませける。本の妻はその国の人にてなむありける。それをばⒶあぢきなげに思ひ、今の妻は京より迎へたる者にてなむありける。それをば思い増さりたる様なりければ、本の妻Ⓑ心うしと思ひてぞ過ぐしける。しかる間、秋、北の方に、山里にてありければ、後の山の方に、いとあはれげなる音にて、Ⓒ鹿の鳴きければ、男今の妻の家に居たりける時にて、妻に「Ⓓこはいかが聞きたまふか。」といひければ、今の妻、「煎物にても甘し、焼物にてもうまき奴ぞかし。」といひければ、男、心に違ひて、「『京の者なれば、Ⓔかやうのことをば興ずらむ』こそ思ひけるに、少しⒻ心づきなし」と思ひて、ただ本の妻の家に行きて、男、「この鳴きつる鹿の音は聞きたまひつるか。」といひければ、本の妻かくなむいひける。《Ⓖわれもしかなきてぞ君に恋ひられし今こそこゑをよそにのみきけ》と。男これを聞きてⒽいみじくあはれと思ひて、今の妻のいひつること、思い合はせられて、Ⓘ今の妻の志失せにければ京に送りてけり。さて本の妻となむ棲みける。

問一　傍線部Ⓐ「あぢきなげ」と思ったのは誰か、またなぜそう思ったのかについて最も適切なものを次の①～③のうちから一つ選びなさい。

① 今の妻が、男が田舎人であることに対して「あぢきなげ」と思った。
② 本の妻が、男がもう一人の妻をむかえたことに対して「あぢきなげ」と思った。
③ 男が、本の妻が自分と同じ田舎人であることに「あぢきなげ」と思った。

問二　傍線部Ⓑ「心うし」と思ったのはなぜか、その理由について最も適切なものを次の①～③のうちから一つ選びなさい。

① 夫が情趣を理解しなかったから。
② 夫が京都から新しい妻を迎えたから。
③ 夫が短歌にうつつを抜かして働かないから。

問三　傍線部Ⓒ「鹿の鳴きければ」について今の妻はどのように感じたか、最も適切なものを次の①～③のうちから一つ選びなさい。

① 鹿は煮ても焼いてもおいしいと思った。
② 京都の人なのに情趣を理解しないと残念に思った。
③ 遠くに聞こえる鹿の声と夫の声を重ねてさみしい思いを伝えた。

問四　傍線部Ⓒ「鹿の鳴きければ」について本の妻はどのように感じたか、最も適切なものを次の①～③のうちから一つ選びなさい。

① 鹿は煮ても焼いてもおいしいと思った。
② 京都の人なのに情趣を理解しないと残念に思った。
③ 遠くに聞こえる鹿の声と夫の声を重ねてさみしい思いを伝えた。

問五　傍線部Ⓓ「こはいかが聞きたまふか」の現代語訳として最も適切なものを次の①～③のうちから一つ選びなさい。

① お子様からどのようにお聞きになりましたか？
② これをどのように聞いたのか？
③ これをどのようにお聞きになりましたか？

問六　傍線部Ⓔ「かやうのこと」とは具体的に何をさすのか、最も適切なものを次の①～③のうちから一つ選べ。
① 鹿の声に情趣を感じること。
② 本の妻と隣同士で生活すること。
③ 鹿をおいしく調理すること。

問七　傍線部Ⓕ「心づきなし」の現代語訳として最も適切なものを次の①～③のうちから一つ選べ。
① がっかりした　② 気づかなかった　③ ふさわしく思った

問八　傍線部Ⓖ「われもしかなきてぞ君に恋ひられし今こそこゑをよそにのみきけ」の現代語訳として最も適切なものを次の①～③のうちから一つ選べ。
① 私も鹿もあなたに恋をしたことが屈辱的で泣いています。声が聞こえないくらい遠くに行ってください。
② 私も以前はあの鹿のようにあなたに恋をされました、今ではあなたの声をよそに聞くばかりですが。
③ 私が泣いたのはあなたからの恋心を失ったことに気づいた時だけです。今ではあなたの声はよそから聞くばかりです。

問九　傍線部Ⓗ「いみじくあはれ」と男が感じたのはなぜか、その理由について最も適切なものを次の①～③のうちから一つ選べ。
① つかまえた鹿を使った料理がとてもおいしかったから。
② 自分が昔作った歌を暗唱させられたから。
③ 鹿の声について問われて和歌で返すという風流なことをされたから。

問十　傍線部Ⓘ「今の妻の志失せにければ」の理由として最も適切なものを次の①～③のうちから一つ選べ。
① 京都の人ならば風流を理解するだろうと思っていたのに期待外れだったから。
② 田舎の人間なのに質問に対して歌で返すという趣深い行動をしたから。
③ 京都に戻ってしまったから。

Jump

レベルアップ問題

（　　）問中（　　）問正解

■次の文章を読んで、問一～五に答えなさい。

祇園精舎の鐘の声、諸行無常《しょぎやうむじやう》の響きあり。娑羅双樹《しやらさうじゅ》の花の色、Ⓐ盛者必衰《じやうしやひつすい》の理《ことはり》をあらはす。おごれる人も久しからず、ただ春の夜の夢のごとし。猛《たけ》き者も遂にはほろびぬ、ひとへにⒷ風の前の塵《ちり》に同じ。

遠く異朝をとぶらへば、Ⓒ秦《しん》の趙高《てうかう》、漢《かん》の王莽《わうまう》、梁《りやう》の朱异《しうい》、唐の禄山《ろくさん》、これらは皆、旧主先皇《せんくわう》の政《まつりごと》にも従はず、楽しみを極め、諫めをも思ひ入れず、天下の乱れんことを悟らずして、民間の愁《うれ》ふるところを知らざりしかば、久しからずして、亡《ばう》じにし者どもなり。

近く本朝をうかがふに、承平《じようへい》の将門《まさかど》、天慶《てんぎやう》の純友《すみとも》、康和《かうわ》の義親《ぎしん》、平治《へいぢ》の信頼《のぶより》、これらはおごれる心もたけきことも、Ⓓ皆とりどりにこそありしかども、間近くは六波羅《ろくはら》の入道前太政大臣《だいじやうだいじん》平朝臣《たいらのあつそん》清盛《きよもり》公と申しし人のありさま、Ⓔ伝え承るこそ、心も詞も及ばれね。

〈『平家物語』諸行無常〉

問一　傍線部Ⓐ「盛者必衰」と同じ意味をもつ言葉として**不適切なもの**を次の①～③のうちから一つ選びなさい。

①　おごれる人も久しからず

②　猛き者も遂にはほろびぬ

③　民間の愁ふるところを知らざりしかば

問二 傍線部Ⓑ「風の前の塵に同じ」について何と同じなのか、最も適切なものを次の①〜③のうちから一つ選べ。

① 盛者必衰の理をあらはす
② ただ春の夜の夢のごとし
③ 猛き者も遂にはほろびぬ

問三 傍線部Ⓒ「秦の趙高、漢の王莽、梁の朱异、唐の禄山」に共通した過ちは何か、**不適切なもの**を次の①〜③のうちから一つ選べ。

① 元の主君や王の政策に従わなかった。
② 快楽を得ることより、誰かの過ちを諫めることを優先した。
③ 庶民の嘆き悲しんでいることを知らなかった。

問四 傍線部Ⓓ「皆とりどりにこそありしかども」の現代語訳として最も適切なものを次の①〜③のうちから一つ選べ。

① 皆それぞれにあったけれども
② 皆たくさんの鳥を連れていたけれども
③ 皆それぞれにあったからこそ

問五 傍線部Ⓔ「伝え承る」の敬意の対象は誰か、最も適切なものを次の①〜③のうちから一つ選べ。

① 承平の将門
② 平治の信頼
③ 六波羅の入道

基礎問題　解説

【口語訳】

今となっては昔のこと、丹波の国に住む者があった。田舎者だが、情緒を理解する心のある者だった。それが妻を二人持って、家を並べて住まわせていた。本の妻はその国の人だった。(男は)それをつまらないと思って、今の妻は京から迎えた者だった。それ(=今の妻)を思う気持ちがまさっている様なので、本の妻はつらいと思いながら過ごしていた。そうする間に、秋、北の方で、山里だったので、後の山のほうで、大変趣きがある音で、鹿が鳴いたので、男は今の妻の家にいた時に、妻に「これはどのようにお聞きになりましたか」と言うと、今の妻は、「煮物にしても甘く、焼き物にしてもおいしいものですよ」と言ったので、男は、あてが外れて、『京(の出身)の者なので、このようなことは興味があるだろう』と思ったのに、少しがっかりした」と思って、すぐに本の妻の家に行って、男は、「この鳴いている鹿の音は、お聞きになりましたか」と言えば、本の妻はこのように言った。

私も以前はあの鹿のようにあなたに恋をされました、今ではあなたの声をよそに聞くばかりですが。

男はこれを聞いて大変趣きがあると思って、今の妻の言ったことと思い比べ、今の妻への愛情が失せてしまったので京に送り返してしまった。そして本の妻と住むようになった。

問一【③】

「あぢきなげ」は「つまらない」と訳します。傍線部Aの直前の「それをば」までをまとめると、丹波の国(都ではない=田舎)の男が、本の妻は田舎者で情趣を理解できないだろう、それがつまらないと思っていた、と書かれています。したがって正解は③となります。

問二【②】

「うし」は「つらい」と訳します。本の妻がつらいと思ったことをこの部分より前から探しましょう。「それ(男)が妻を二人持ちて」「今の妻は京より迎へたる者にてなむありける。それをば思い増さりたる様なりければ、」とあります。この部分から、男は本の妻以外に京都からも妻（＝今の妻）を迎えたこと、今の妻への気持ちの方が強いことが分かります。したがって正解は②となります。

問三【①】

「今の妻、『煎物にても甘し、焼物にてもうまき奴ぞかし。』といひければ、」という部分を訳しましょう。「今の妻は、『煮物にしても甘く、焼き物にしてもおいしいものですよ』と言ったので」となります。したがって正解は①となります。②は、そんな今の妻の解答に対して男が抱いた感想です。

問四【③】

「本の妻かくなむいひける。われもしかなきてぞ君に恋ひられし今こそこゑをよそにのみきけど」という部分を訳しましょう。「本の妻はこのように言った。私も以前はあの鹿のようにあなたに恋をされました、今ではあなたの声をよそに聞くばかりですが。」となります。したがって正解は③となります。問三の解説も合わせて確認しておきましょう。

問五【③】

「たまふ」が敬語であることが把握できているかが大切です。「こは」＝これは、「いかが」＝どのように、「聞きたまふか」＝お聞きになりましたか（「聞く」を敬語表現する）となります。したがって正解は③です。

問六【①】

傍線部Ⓔ「かやうのこと」の前に「男、心に違ひて」とあります。男にとって、何が心に違ったのか、もう少し前を見てみましょう。鹿の声を聴いた今の妻の反応について書かれています。男が本の妻がいながら今の妻を迎えたのは、京の人ならば風流を理解できると思ったのに、今の妻の回答は「鹿はおいしい」という即物的なことであったのにがっかりしたと読み取ることができます。したがって正解は①です。

問七　【①】

「こころづきなし」は「気に食わない」「心がひかれない」などと訳されます。マイナスの意味合いを持つ言葉ですね。選択肢の中でこれらの訳に最も近いのは①となります。

問八　【②】

傍線部Gは本の妻が歌った和歌です。「しか」の部分を「鹿」と「然(しか)」(＝そのように)」とかけて男への思いをつづっています。①は「恋をしたことを屈辱的で泣いています。声が聞こえないくらい遠くに行ってください。」という部分が、③は「私が泣いたのはあなたからの恋心を失ったことに気づいた時だけです。」という部分が歌の内容と異なります。したがって正解は②です。

問九　【③】

「いみじくあはれ」は「大変趣きがある」と訳します。直前に「男これを聞きて」とあります。この時男が聞いたのは元の妻の和歌でした。したがって正解は③です。①②については本文で記述されていません。

問十　【①】

今の妻を連れてきた理由と、その結果について整理してみましょう。男は情趣の理解する妻がほしいと思い、京都の人ならば理解するだろうと今の妻をつれてきました。しかし、鹿の買えに対して和歌で返すという風流なことをしたのは今の妻ではなく本の妻でした。本の妻は男と同じ丹波の国(田舎)出身だったので、男は本の妻にそのような面があるとは全く考えなかったのでしょうね。一方期待していた今の妻の回答は「鹿は美味しい」という非常に即物的なもので、男はこけにがっかりしました。したがって正解は①です。

【口語訳】

祇園精舎の鐘の音には、世の中のものは全て移り変わり、変わらないものはないという響きがある。沙羅双樹の花の色は勢いのある者もいつかは衰えるという道理を明らかにしている。名声を笠に着て思いあがったふるまいをする者は、長くその地位にいることはできない。春の夜の夢と同じだ。勢いのある者もついには滅びてしまう、風の前の塵(が散ってしまうの)と同じである。

遠い異国をたずねると、秦の趙高、漢の王莽、梁の朱异、唐の禄山、これらは皆元の主君や王の政策に従わず、快楽を極め、諫める言葉を受け入れず、国が乱れるのを理解せず庶民の嘆き悲しんでいることを知らなかったので、長く続かずに滅亡してしまった者たちである。

近い我が国をたずねると、承平の平将門、天慶の藤原純友、康和の源義親、平治の藤原信頼らは思いあがったふるまいも勢いも皆それぞれにあったけれども、最近では六波羅の入道、(つまり)前太政大臣平朝臣清盛公と申し上げた人の様子を伝え聞き申し上げると、心に想像することも言葉で言い表すこともできないほどである。

問一【③】

不適切なものを選ぶ問題であることに注意しましょう。「盛者必衰」は文字の通り「勢いのある者もいつかは衰える」ということを意味しています。①②はこれと同様の意味を持ちます。③は「庶民の嘆き悲しんでいることを知らなかったので」と訳されますので、盛者必衰とは意味が異なります。したがって正解は③です。

問二【③】

傍線部Bとその直前を見ましょう。「猛き者も遂にはほろびぬ、ひとへに風の前の塵に同じ。」とあります。これは「勢いのある者もついには滅びてしまう、風の前の塵(が散ってしまうの)と同じである。」と訳されます。したがって正解は③です。①②も儚いものであるという意味では近いかもしれませんが、よりはっきりと適切である③を選びましょう。

問三 【②】

不適切なものを選ぶ問題であることに注意しましょう。「秦の趙高、漢の王莽、梁の朱异、唐の禄山」に続いている部分を訳すと「これらは皆元の主君や王の政策に従わず、快楽を極め、諌める言葉を受け入れず、国が乱れるのを理解せず庶民の嘆き悲しんでいることを知らなかったので、長く続かずに滅亡してしまった者たちである。」となります。この中に含まれているのは①と③です。②は「誰かの過ちを諌めることを優先した」という部分があやまりです。したがって正解は②です。

問四 【①】

単語に分解して見てみましょう。「皆」「とりどりに(＝それぞれに)」「こそ(＝強意をあらわす係助詞)」「あり」「しか(＝過去をあらわす助動詞)」「ども(＝逆接の仮定条件を表す接続助詞)」となります。これらをまとめると「皆それぞれにあったけれども」となります。したがって正解は①です。

問五 【③】

「六波羅の入道前太政大臣平朝臣清盛公と申しし人のありさま、伝え承るこそ、心も詞も及ばれね。」という部分を訳してみましょう。「六波羅の入道、(つまり)前太政大臣平朝臣清盛公と申し上げた人の様子を伝え聞き申し上げると、心に想像することも言葉で言い表すこともできないほどである。」となります。①②については思いあがったふるまいも勢いもあったと書かれていますが、傍線部がさす敬意の対象ではありません。

3.

古文読解　応用編

高卒認定試験では、古文の文章と現代語の会話文やまとめが提示され、そこから解答を導く混合問題が出題されます。会話文からヒントを探して解く方法を身につけましょう。

次の文を読んで、古文読解の応用を学習していきましょう。

若侍が、狐が取り憑いた巫女から狐が大切に所持する白い宝玉を取り上げたところ、狐は、宝玉を返してくれれば若侍を末長く守ると約束した。そこで、若侍が宝玉を返すと、狐は喜んで受け取り、取り憑いていた巫女から離れ去った。

その後、この玉取りの男、太秦《うづまさ》に参りて帰りけるに、暗くなる程に御堂《みだう》を出でて帰りければ、夜に入りてぞ内野《うちの》を通りけるに、応天門の程を過ぎむとするに、いみじく物怖ろしく思《おぼ》えければ、「何《いか》なるにか」と怪しく思ふ程に、「実《まこと》や、『我を守らむ』と云《い》ひし狐ありきかし」と思ひ出でて、暗きに只《ただ》独り立ちて、「狐々」と呼びければ、こうこうと鳴き出で来にけり。見れば、現《あらは》にあり。

「さればこそ」と思ひて、男狐に向かひて、「和狐、実に虚言《そらごと》せざりけり。いと哀れなり。ここを通らむと思ふに、極めて物怖ろしきを、我送れ」と云ひければ、狐聞き知り顔にて見返る見返る行きければ、男その後《しりへ》に立ちて行くに、例の道にはあらで異道《ことみち》を経《へ》て行き行きて、狐立ち留《とど》まりて、背中を曲《かが》めて抜き足に歩みて見返る所あり。そのままに男も抜き足に歩みて行けば、人の気色《けしき》あり。やはら見れば、弓箭兵伺《きゅうせんひやうぢやう》を帯したる者ども数《あま》立《た》ちて、事の定めをするを、垣超しにやはら聞けば、早う盗人の入らむずる所の事定むるなりけり。「この盗人どもは道理の道に立てるなりけり。さればその道をば経ではざまよりゐて通るなりけり。狐それを知りてその盗人の立てる道をば経たる」と知りぬ。その道出で果てにければ、狐は失せにけり。男は平らかに家に帰りにけり。狐これにあらず、かやうにしつつ常にこの男に副《そ》ひて、多く助かる事どもぞありける。実に、「守らむ」と云ひけるに違《たが》ふ事なければ、男返す返すあはれになむ思ひける。かの玉を惜しみて与へざらましかば、男吉《よ》き事なからまし。しかれば、「賢く渡してけり」とぞ思ひける。

〈『今昔物語集』による〉

※太秦……今の京都府にある広隆寺を指す。
内野……大内裏の中。
応天門……大内裏の中の南側にある門。
和狐……「和」は相手に対する親愛の気持ちを表す。
弓箭兵伺……弓矢と刀剣などの武器。
早う……なんと、実は。
道理の道……通常通る道。表通り。

【会話文】
春田さん「まずは古文を読んで、気づいた点を挙げてみようよ」
夏川さん「狐が恩返しをした話だよね」
春田さん「［Y］様子が書かれているね。これと内容は少し違うけれど、似たあらすじの話を漢文でみつけたよ。次の時間に見比べてみよう」

問　Y に当てはまるものとしてもっとも適当なものを選びなさい。

①　人と同様に知恵があり、人をだましたり陥れようとしたりする。
②　人から受けた恩に感謝し、人を裏切らない誠実な行動をする。

〈令和二年第一回高卒認定試験　改題〉

ポイント

次の手順であらすじを把握できるようになりましょう。

手順1　前置き、設問、注釈など現代語で書かれている部分に目をとおす。
手順2　全体をざっくりと読み、意味の取れる文をつなぐことであらすじをつかむ。
手順3　最後に教訓やまとめが書かれていることが多いので、重点的に読む。

登場人物

手順1を使ってみましょう。登場人物については前置きの部分から把握することができます。

男　巫女から取り上げた宝玉を狐に返したことをきっかけに、狐からの恩返しを受けます。
狐　男から宝玉を受け取った恩返しとして守り神になります。

キーワードに対する登場人物の反応

キーワードは**手順1**を使って考えていきます。前置きには、物語を読むうえで必要な前提条件が書かれているので、とても重要な部分になります。前置きには「宝玉を返してくれれば若侍を末長く守ると約束した」、会話文には「狐が恩返しをした話だよね」とあります。この部分からキーワードは「恩返し」であると考えられます。

では、どのような恩返しを受けたのか本文から探っていきましょう。**手順2**の通り、一言一句訳そうとしなくても大丈夫です。

男　暗くなる程に《日が暮れるころ》御堂《御堂》を出でて《出て》帰りければ、夜に入りてぞ《夜になったころ》内野《内野》のを通りけるに《通った》、応天門《応天門》の程を過ぎむとするに《過ぎようとする》、いみじく《とても》物怖ろしく思えければ《恐ろしく思ったので》、「何なるにか《何か起こるのか》」と怪しく思ふ程に《怪しく思ったとき》、「実や、『我を守らむ《私の守り神になる》』と云ひし狐《言った狐》ありきかし《いた》」と思ひ出でて《思い出して》、暗きに《暗闇に》只独り《ひとり》立ちて《立ち》、「狐々」と呼びければ《呼んでみると》

狐　こうこうと鳴き出で来にけり《鳴きながら出てきた》。

この部分から、「『怖いな』と感じたときに守り神になると言っていた狐の存在を思い出して呼んでみたところ、狐が出てきた」ということが読み取れます。

男　「ここを通らむと思ふに《ここを通ろうと思う》、極めて物怖ろしきを《恐ろしい》、我送れ《私を送ってくれ（意訳：道案内してくれ）》」

狐　聞き知り顔《理解した顔》にて見返る見返る行き《振り返りながら行く》ければ

男は「気味の悪い道だから案内をしてくれ」と狐に頼みます。すると狐は先導するように振り返りながら歩いていきますが、途中思っていたのとは違う道に進み、背を低く、足音を立てないようにして歩いていきます。

男 「この盗人ども《盗人たち》は道理の道《表通り》に立てるなりけり《立っていた》。さればその道をば経ではざまよりゐて《隙間から（意訳：そばの道を）》通るなりけり《通った》。狐それを知りて《それを知っていて》その盗人の立てる道《立っている道》をば経たる《避けた》」

狐が予定通りの道を歩かなかったり、足音を立てないように歩いていた理由は、その道に盗賊がいたからだということに男が気づきます。宝玉を返したときに約束したとおり、狐が男を守ってくれたのですね。

問の解き方

先に**手順1**、**手順2**を行い、登場人物やおおよそのあらすじについて把握できました。最後に、**手順3**に従って最後の部分を重点的に読んでいきましょう。

狐これにあらず《これだけではなく》、かやうに《このように》しつつ常にこの男に副ひて《そばにいて》、多く助かる事どもぞありける。実に、「守らむ《（あなたを）守る》」と云ひける《言った》に違ふ《背く》事なければ、男返す返すあはれに《かわいく》なむ思ひける。かの《あの》玉を惜しみて与へざらましかば《与えなかったら（返さなかったら）》、男吉き《良い》事なからまし《なかっただろう》。しかれば《そのため》、「賢く渡してけり《渡したことは賢かった（渡してよかった）》」とぞ思ひける。

狐は盗賊から男を守っただけではなく、それ以降も男のそばについて助け続けました。男はそんな狐をかわいらしく思い、「あのときに宝玉を狐に渡してよかった」と思いました。このような狐と男の関係は、宝玉をもらったということに恩を感じた狐の恩返しであることがわかります。したがって、正解は②となります。

高卒認定試験の古文の問題は、100％現代語訳できなくても解けるということがおわかりいただけましたでしょうか？　もっとしっかり勉強したい！という方は、参考資料の文法も学習してみましょう。

Step 基礎問題

■ 次の文章を読んで、問一～十に答えなさい。

（　　）問中（　　）問正解

若侍が、狐が取り憑いた巫女から狐が大切に所持する白い宝玉を取り上げたところ、狐は、宝玉を返してくれれば若侍を末長く守ると約束した。そこで、若侍が宝玉を返すと、狐は喜んで受け取り、取り憑いていた巫女から離れ去った。

その後、この玉取りの男、太秦に参りて帰りけるに、暗くなる程に御堂を出でて帰りければ、夜に入りてぞ内野のを通りけるに、応天門の程を過ぎむとするに、Ⓐいみじく物怖ろしく思えければ、「何なるにか」と怪しく思ふ程に、「実や、『Ⓑ我を守らむ』と云ひし狐ありきかし」と思ひ出でて、暗きに只独り立ちて、「狐々」と呼びければ、こうこうと鳴き出で来にけり。見れば、現にあり。

Ⓒ「さればこそ」と思ひて、男狐に向かひて、「和狐、実に虚言せざりけり。いとⒹ哀れなり。ここを通らむと思ふに、極めて物怖ろしきを、我送れ」と云ひければ、狐聞き知り顔にて見返る見返る行きければ、男その後に立ちて行くに、Ⓔ例の道にはあらで異道を経て行き行きて、狐立ち留まりて、背中を曲めて抜き足に歩みて見返る所あり。そのままに男も抜き足に歩みて行けば、人の気色《けしき》あり。やはら見れば、弓箭兵伺を帯したる者ども数立ちて、事の定めをするを、垣超しにやはら聞けば、早う盗人の入らむずる所の事定むるなりけり。「この盗人どもは道理の道に立てるなりけり。さればその道をば経ではざまよりゐて通るなりけり。狐それを知りてその盗人の立てる道をば経たる」と知りぬ。その道出で果てにければ、狐はⒻ失せにけり。男は平らかに家に帰りにけり。狐これにあらず、Ⓖかやうにしつつ常にこの男に副ひて、多く助かる事どもぞありける。実に、「守らむ」と云ひけるに違ふ事なければ、Ⓗ男返す返すあはれになむ思ひける。かの玉を惜しみて与へざらましかば、Ⓘ男吉き事なからまし。しかれば、「賢く渡してけり」とぞ思ひける。

【会話文】
春田さん「まずは古文を読んで、気づいた点を挙げてみようよ」
夏川さん「狐が恩返しをした話だよね」
春田さん「Y 様子が書かれているね。これと内容は少し違うけれど、似たあらすじの話を漢文でみつけたよ。次の時間に見比べてみよう」

〈令和二年第一回高卒認定試験　改題〉

問一　傍線部Ⓐ「いみじく」の訳として最も適当なものを、次の①～③のうちから一つ選びなさい。
①　とても　②　意味のない　③　心寂しい男

問二　傍線部Ⓑ「我」とは誰のことを指すのか、最も適当なものを、次の①～③のうちから一つ選びなさい。
①　若侍　②　狐　③　巫女

問三　傍線部Ⓒ「さればこそ」と思った理由として最も適当なものを、次の①～③のうちから一つ選びなさい。
①　狐と巫女が一緒に帰ってくれればさみしくないと思ったから
②　狐は守ってくれると言ったことを思い出したから
③　この先の道に盗賊がいると聞いて恐ろしくなったから

問四　傍線部Ⓓ「哀れなり」の訳として最も適当なものを、次の①～③のうちから一つ選びなさい。
①　かわいそうだ　②　かわいらしい　③　みっともない

問五　傍線部Ⓔ「例の道にはあらで異道を経て行き行きて、狐立ち留まりて、背中を曲めて抜き足に歩みて見返る所あり」とはどのような様子を述べているか。最も適当なものを、次の①～③のうちから一つ選びなさい。

① 狐は指定された道には盗賊はいないと思いつつ念のため違う道を通ったが、男の不安を解消するために物陰に隠れながら歩いている。

② 狐はいつもの道には盗賊がいて危険だと知っていたので違う道を通りつつ、男を気遣いながら盗賊に見つからないように歩いている。

③ 狐は普段使っている道には盗賊がいると察知して獣道を選んで通ったが、男がそれに気づき責めたためおどおどしながら歩いている。

問六　傍線部Ⓕ「失せにけり」の訳として最も適当なものを、次の①～③のうちから一つ選びなさい。

① 死んでしまった　② 見えなくなった　③ なくしてしまった

問七　傍線部Ⓖ「かやうにしつつ」にとはどのような様子かについて最も適当なものを、次の①～③のうちから一つ選びなさい。

① 狐が盗賊を倒したこと。

② 守り神になると言っていた狐が出てきたこと。

③ 狐がコンコンと鳴いたこと。

問八　傍線部Ⓗ「男返す返すあはれになむ思ひける」の理由として最も適切なものを次の①～③のうちから一つ選びなさい。

① 狐は男が自分を信用して何度も助けを求めてきたことにあきれてしまった。

② 狐は男がいつまでも恩返しは続くと思い込んでいることを哀れだと思った。

③ 男は狐が男との約束を違えることなく自分を守ってくれたことに感心した。

問九　傍線部Ⅰ「男吉き事」について、男にとって良かったこととは何か、**不適切なもの**を次の①〜③のうちから一つ選びなさい。

① 狐が守り神になってくれた。
② 盗賊に襲われる危険を回避できた。
③ 巫女と結婚できた。

問十　Y に当てはまるものとしてもっとも適当なものを次の①〜③のうちから選びなさい。

① 人の心をよく理解し、人に迷惑をかけないように行動する。
② 人と同様に知恵があり、人をだましたり陥れようとしたりする。
③ 人から受けた恩に感謝し、人を裏切らない誠実な行動をする。

Jump　レベルアップ問題

（　　）問中（　　）問正解

■次の文章を読んで、問一〜五に答えなさい。

Ⅰ

世の中に、その比《ころ》人のもてあつかひぐさに言ひあへる事、いろふべきにはあらぬ人の、よく案内知りて、人にも語り聞かせ、問ひ聞きたるこそⒶうけられね。ことに、かたほとりなる聖法師などぞ、世の人の上は、わがごとく尋ね聞き、いかでかばかりは知りけんと覚ゆるまでぞ、言ひ散らすめる。

〈『徒然草』第七十七段〉

Ⅱ

今様の事どものめづらしきを、言ひひろめ、もてなすこそ、又うけられね。世にことふりたるまで知らぬ人は、心にくし。いまさらの人などのある時、ここもとに言ひつけたることぐさ、ものの名など、心得たるどち、片端言ひかはし、目見合はせ、笑ひなどして、心知らぬ人に心得ず思はする事、世なれず、よからぬ人の、必ずある事なり。

〈『徒然草』第七十八段〉

Ⅲ

何事も入りたたぬさましたるぞよき。よき人は、知りたる事とて、さのみ知り顔にやは言ふ。片田舎《かたゐなか》よりさし出でたる人こそ、万《よろづ》の道に心得たるよしのさしいらへはすれ。されば、世にはづかしきかたもあれど、Ⓑ自らもいみじと思へる気色《けしき》、かたくななり。よくわきまへたる道には、必ず口重く、問はぬ限りは言はぬこそⒸいみじけれ。

〈『徒然草』第七十九段〉

※いろふ……関係する。　案内……事情。内部の様子。
かたほとり…都から遠く離れた土地。「片田舎」も同じ。
聖法師……修行僧。名利を去り、諸国を遍歴し、山中に庵を結んで修行に専念した民間僧。
今様……今時。当世。
いまさらの人……今新しく来た人。
ここもとに言ひつけたることぐさ……こちらで言いなれている話題。
心得たるどち……承知している仲間同士。　心知らぬ人……意味が分からない人。

【話合いの一部】

渡辺さん「Ⓓ<u>Iから Ⅲの文章に共通して描かれている人間像</u>について考えてみようか。」

石井さん「Iの文章では聖法師が『言ひ散らす』って書いてあるね。」

宮内さん「そうだね。Ⅱの文章には『言ひひろめ』とあるし、おしゃべりな人物ということかな。」

岡部さん「私もそう思うわ。でも、それだけじゃなくて、ほかにも共通点があるんじゃないかしら。」

石井さん「Iの文章の聖法師は『かたほとり』、つまり、都から遠く離れた所に住んでいる人ということだよね。Ⅲの文章には『片田舎よりさし出でたる人』とあるし、何か都と関係があるような気がするな。」

宮内さん「そうすると、都の人とは違っているということも共通する特徴なのかな。」

石井さん「ほかにも、Iの文章では『よく案内知りて』や、Ⅲの文章では『知り顔』とあるので、知ったふりをするということも関係あるのかもしれないね。」

渡辺さん「いままでに出てきた意見から考えると、Ⅲの文章の『よき人』というのは、[F]人のことを言っているのかな。」

岡部さん「そうね。最後に『よくわきまへたる道には、必ず口重く、問はぬ限りは言はぬこそいみじけれ。』と書いてあるしね。」

宮内さん「話し合っているうちに、IからⅢの文章で批判されている人の共通点が、だんだんわかってきたね。」

〈平成三十年第二回高卒認定試験　改題〉

問一　傍線部Ⓐ「うけられね」に見られる筆者の考えとして最も適当なものを、次の①～③のうちから一つ選びなさい。

①　直接関係のない者にも詳しく事情を語り聞かせるのは、好ましいということ。
②　直接関係のない者に事情を語ったり尋ねたりするのは、意味がないということ。
③　直接関係のない者が事情を知って人に語ったり尋ねたりするのは、納得ゆかないということ。

問二　傍線部Ⓑ「自らもいみじと思へる気色」とあるが、どういう様子を言っているのか。最も適当なものを、次の①～③のうちから一つ選びなさい。

①　都とは全く縁がない自分を残念だと思っている様子。
②　世間知らずな自分を恥ずかしいと思っている様子。
③　物知りであることを自分ですばらしいと思っている様子。

問三　傍線部Ⓒ「いみじ」の訳として最も適当なものを、次の①～③のうちから一つ選びなさい。

①　すばらしい　　②　みっともない　　③　ふしぎな

問四　傍線部Ⓓ「ⅠからⅢの文章に共通して描かれている人間像」として最も適当なものを、次の①～③のうちから一つ選びなさい。

①　田舎者であることを隠すために知っていることをやたらと話しまわる人。
②　たくさんの知識を持ち、それを自分の仕事に役立てている人。
③　物事についてやたらと知りたがったり自分の知識をひけらかす人。

問五　空欄Fに入る内容として最も適当なものを、次の①～③のうちから一つ選びなさい。

①　控えめで容姿が美しい　　②　洗練されていて慎み深い　　③　愛想がよくて話し好きな

【現代語訳】

その後、玉を取った男が、太秦の広隆寺に参詣した帰り道で、日が暮れるころに御堂を出て、夜になったころに内野を通った時に、応天門を過ぎようとすると、ひどく恐ろしく思えたので、「何か起こるのか」と怪しく思った時に、「そういえば確か、『私の守り神になる』と言っていた狐がいた」と思い出して、暗闇にひとり立ち、「狐、狐」と呼んでみると、コンコンと鳴きながら出て来た。見ると、本物のようであった。

「やはり」と思って男は狐に向かって言った。「狐よ、おまえは嘘をつかなかった。とてもかわいいやつだ。ここを通ろうと思うのだが、恐くて通れないので、道案内をしてくれ。」と言うと、狐は理解した顔をして、振り返りながら歩いていくので、男はその後をついていくと、普段の道ではない、いつもと違った道を通って進んでいっては、狐は立ち止まり、背をかがめて、抜足で歩いて所々振り返る。男も同じように抜足で歩いて行くと、人の気配がした。見ると、弓矢と刀剣を帯した者が何人も立って、話し合いをしている。垣根ごしに聞くと、なんと盗賊がこれから入ろうとする家の話し合いしていた。「この盗人たちは表通りに立っていた。そのため、狐はその道を通らず、そのそばの道を通り抜けていたのだ。狐は盗賊がいるのを知っていて、その盗賊が立っていた道を避けた」と知った。その道を抜けると、狐はどこかに消えた。男はなにごともなく帰った。狐はこれだけではなく、このようにして常にこの男の傍にいて、多くの場面で助けていた。本当に、「おまえを守る」という言葉に背くことはなかったので、男は返す返すかわいく思った。もしあの玉を返さなかったなら、男は良い事がなかっただろう。そのため、「玉を渡してよかった。」と心底思った。

問一【①】

「いみじく」は形容詞「いみじ」が活用したものです。「いみじ」は「とても、並々でない」と訳されます。したがって正解は①です。

問二【①】

冒頭の「その後」～「『狐々』と呼びければ」まで、すべての主語は「玉取りの男」です。玉取りの男が若侍であることは前文からわかります。したがって正解は①です。

問三【②】

「さればこそ」は「やはり」と訳します。男がこう思った直前に何があったのでしょうか。「いみじく物怖ろしく思えければ(訳：ひどく恐ろしく思えたので)」「実や、『我を守らむ』と云ひし狐ありきかし」と思ひ出でて(訳：そういえば確か、『私の守り神になる』と言っていた狐がいた」と思い出して、)」「『狐々』と呼びければ、こうこうと鳴き出で来にけり(訳：「狐、狐」と呼んでみると、コンコンと鳴きながら出て来た。)」のでしたね。したがって正解は②です。

問四【②】

現代語と古語で意味合いが違う言葉に注意しましょう。「哀れ」は現代語では「かわいそう。不憫」という意味で使われますが、古語では「かわいらしい」となります。したがって正解は②です。

問五【②】

狐が立ち止まったり、背中を丸めて歩いたりしていたのは、表通りに盗賊がいることを予め察知しており、彼らに見つからないようにするためです。対して男は、表通りに盗賊がいることを知らず、狐の様子を真似るようにただ歩いていました。このことを参考に選択肢を見ていきます。①について、「指定された道～違う道を通った」という部分が、狐は本来通る道に盗賊がいることを知っていたという内容と合致しないので、誤りです。②について、「いつもの道には盗賊がいて」「盗賊に見つからないように」という部分が、本文の内容と合致するので、正しいです。③について、「男がそれに気づき責めたため」という部分が、男は黙って狐の様子を真似ながらついていったという本文の内容と合致しないので、誤りです。したがって、正解は②です。

問六 【②】

「失せにけり（訳：消えた）」のは狐ですので、物に対して使う「なくしてしまった」は誤りです。傍線部Fの後ろを読み進めていきましょう。「狐これにあらず、かやうにしつつ常にこの男に副ひて、多く助かる事どもぞありける。（訳：狐はこれだけではなく、このようにして常にこの男の傍にいて、多くの場面で助けていた。）」とある通り、狐はこの後も男を助け続けますので①は誤りとなります。したがって正解は②です。

問七 【②】

傍線部Ⓖの後ろをみてみましょう。「常にこの男に副ひて、多く助かる事どもぞありける。（訳：常にこの男の傍にいて、多くの場面で助けていた。）」とあります。狐が守ってくれた、ということですので、最も適切な選択肢は②となります。①は本文中に狐が盗賊を倒したという記述はないため誤りです。③は守り神としての働きとは関係がありません。したがって、正解は②です。

問八 【③】

傍線部Ⓑの直前に、「実に、『守らむ』と云ひけるに違ふ事なければ」とあります。これより、狐が玉を返してくれた恩返しに「あなたを守る」といった発言に嘘はなく、それに従って、今回も盗賊に出会いそうだったところから助けてくれたことが読み取れます。それを受けて、男は狐に対して、「あはれ（訳＝かわいらしい、感心）」と返す返す思ったということになります。このことを参考に選択肢を見ていきます。①について、「何度も助けを求めてきた」という部分が、本文の男の行動と合致しておらず、また、「あはれ」という感情は男から狐に対する感情であることから、誤りです。②について、「恩返しは続く〜哀れだと思った」という部分が、本文の内容と合致しておらず、また、「あはれ」という感情は男から狐に対する感情であることから、誤りです。③について、「約束を違える〜に感心した」という部分が、本文の最後から2行目、「実に、「守らむ」〜事なければ、」という内容と合致するので、正しいです。したがって、正解は③です。

問九　【③】

不適切なものを選ぶ問題であることに注意しましょう。①②については本文を通して読み取ることができますが、③については一切書かれていません。したがって、正解は③です。

問十　【③】

狐は玉を返してもらったことに感謝し、誓った通りに若侍を守っています。このことを参考に選択肢を見ていきます。①について、「人に迷惑をかけないように行動する」という部分が狐の行動と合致しないので、誤りです。②について、「人をだましたり陥れようとしたりする」という部分が、文章の狐の恩返しの内容と反対になってしまうので、誤りです。③について、「受けた恩に感謝し～行動をする」という部分が、狐の男への恩返しと合致するので、正しいです。したがって、正解は③です。

レベルアップ問題　解説

Ⅰ【現代語訳】

世間で、その時その時に、人々がうわさを話し合っていること、関係があるわけではない人が、詳しくその事情を知っていて、他人に語り聞かせたり、質問して聞き出したりすることは、納得できない。殊に、都から遠く離れた土地に住む修行僧などに限って、世の中の人の身の上話を、自分のことのように尋ね聞いて、どうしてそんなことまで知っているのかと思われるくらいまで、言い広めるようだ。

Ⅲ【現代語訳】

何事においても深くは知っていないふりをするのが良い。教養のある人は、良く知っていることだからといって、そのように知ったふうな顔で言うだろうか。（いや、言わない。）片田舎から出できた人に限って、全てのことについて知っているかのような返事の仕方をする。そのため、世の中には聞いているこちらが恥ずかしくなるような部分もあるけれど、話している自分自身も素晴らしい人間だと思っている様子が、愚かである。詳しく知っていることについては、必ず口を重くして、聞かれない限り言わないのが素晴らしいのである。

Ⅱ【現代語訳】

今どきの物事の珍しさを、言い広めて、もてなすことは、またこれも納得できない。世間でその話が出尽くしてしまうまで知らない人は、奥ゆかしい。今新しく来た人などがいるとき、こちらで言いなれている話題を、ものの名前など、知っている仲間同士で、言葉の一部だけを使って言い合って、目を見合わせて、笑いながら、意味が分かっていない人に理解できないように思わせることは、世間知らずで、教養のない人が、必ずすることである。

問一【③】

傍線部の「うけられぬ」というのは、「受け止める」という意味の「うく」という動詞に、可能の助動詞「らる」と、否定の助動詞「ぬ」が組み合わさった形なので、「受け止められない」、つまり、「納得できない」という意味になります。また、筆者が納得できないのは、そのうわさに関係のない人が、あれやこれやとうわさ話を広めたり、尋ねたりすることです。このことを参考にして選択肢を見ていきます。①について、「好ましい」という部分が、先述の解釈と合致しません。また、「直接関係のない者にも」うわさ話を「語り聞かせる」という部分が、本文の内容と反対なので、誤りです。②について、①と同様に、「意味がない」という部分が、先述の解釈と合致せず、また、うわさ話をする立場が反対であることから、誤りです。③について、先述の解釈の通り、うわさに関係のない人間があれこれと話をすることに納得ができないという内容になっているので、正解となります。したがって、正解は③となります。

問二【③】

まず、傍線部の現代語訳をしましょう。「いみじ」とは、「並ではない」、「素晴らしい」という意味になります。他に、「ひどい」、「恐ろしい」という意味もありますが、本文の内容にそぐわないため、適切な現代語訳にはならないので、気を付けましょう。「気色」とは、「様子」、「表情」という意味になります。他にも、文脈によって細かく意味が分かれる場合があるので、気を付けましょう。また、「思へる」の「る」は、存続の助動詞「り」の連体形です。よって、傍線部は「自分自身も素晴らしい人間だと思っている様子」と訳すことができます。次に、何が素晴らしいと思っているのか考えていきましょう。Ⅲの文章では、「その分野に詳しい人は、知識をひけらかすようなことはせず、片田舎から出てきた、あまり知識を得ていない人に限って、自分の知識を披露したがる。」ということについて語っています。このことから、「素晴らしい」とは、「知識が豊富であること」、「物知りであること」に対するものだと分かります。以上のことから、傍線部では、「物知りである自分自身を素晴らしく思っている様子」と訳すことができます。①について、「都とは全く縁がない」、「残念だ」という部分が、先述の解釈と合致しないので、誤りです。②について、本文で述べられている、知識をひけらかす人物像とは反対なので、誤りです。③について、先述の解釈の通りの内容なので、正解となります。したがって、正解は③となります。

問三【①】

「いみじ」は「とても、並々でない」と訳されます。選択肢の中で最も近いのは①です。古文の単語は、単純な暗記だけではなく連想ゲームのように読み解いていく必要がありますので、細部まで気を配って解いていきましょう。

問四【③】

①について、田舎者に関する記述はⅠ「ことに、かたほとりなる聖法師などぞ、世の人の上は、わがごとく尋ね聞き、いかでかばかりは知りけんと覚ゆるまでぞ、言ひ散らすめる。(＝殊に、都から遠く離れた土地に住む修行僧などに限って、世の中の人の身の上話を、自分のことのように尋ね聞いて、どうしてそんなことまで知っているのかと思われるくらいまで、言い広めるようだ。)」、Ⅲ「片田舎(かたゐなか)よりさし出でたる人こそ、万《よろづ》の道に心得たるよしのさしいらへはすれ。(＝片田舎から出できた人に限って、全てのことについて知っているかのような返事の仕方をする。)」という部分で触れられていますが、これらの行動の理由が田舎者であることを隠すためであるとは読み取ることができません。②ついてはそのような記述はありません。③については①についての解説で触れた通り読み取ることができます。したがって正解は③です。

問五【②】

空欄Fには、Ⅲの文章の『よき人』の解釈を、Ⅰ、Ⅱの文章を基に考えたものが入ります。Ⅰ～Ⅲの文章では、「特にその分野、物事などに関係のない人が、得意気にそのことについて語る」という人物像が批判的に描かれています。そして、Ⅲの文章の『よき人』というのは、そのような人物像とは反対の人物像を表しています。このことから、『よき人』というのは、「その分野、物事に対して詳しいが、聞かれない限り答えず、ひけらかすように語らない人」を表していると考えることができます。このことを参考にして選択肢を見ていきます。①について、その人の見た目についての話はしていないので、誤りです。②について、先述の解釈に合致するので、正解となります。③について、「話し好きな」という表現が、先述の解釈と反対の内容なので、誤りです。したがって、正解は②となります。

参考資料　単語

あそび(あそぶ)	遊ぶ	詩歌をしたり音楽を演奏すること
あいなし	愛なし 合なし	しっくりこない、わけもなく
あかず	飽かず	物足りない、飽きない
あからさま	明狭間	ちょっと、仮に
あきらむ	明らむ	明らかにする
あくがる	憧がる	浮かれる、心をひきつけられる
あけぐれ		夜明け前
あさまし	浅まし	驚きあきれる
あざる	戯る、狂る	ふざける、うちとける
あした		朝・翌朝
あだ	徒	不誠実だ、はかない、無駄だ、つまらない
あだごと		冗談・真心のない言葉

あだなり		無駄だ、はかない、不真面目、不誠実
あぢきなし		無意味だ、乱暴だ、不愉快だ
あてなり	貴なり	身分が高い・上品だ
あな		あら、ああ
あながち	強がち	勝手だ、度を越している
あなかま		あぁやかましい
あなづらはし	侮らはし	きがねない、尊敬できない
あはれなり		感慨深い・同情や悲哀などのしみじみと身にしみる感情
あふ	逢ふ、合ふ	結婚する・出会う・調和する・我慢する
あへず	敢えず	たえられない
あまた	数多	たくさん
あやし	怪し、奇し、賤し	身分が低い・卑しい・不思議だ
あらぬ	有らぬ	無関係な、あってはならない
あらまほし		ありたい・あることがのぞましい

ありありて	在り在りて	結局
ありがたし	有り難し	めったにない
ありつる	有りつる	以前の、例の
あるじ	主	主人、主人としてもてなすこと
いかが		どうして~か
いかがはせむ	如何は為む	どうしようもない、どうしようか
いかで	如何で	どうして~か
いかに	如何に	どのように、どれほど
いさ		さぁどうか
いそぎ	急ぎ	準備、仕度
いたし	甚し、痛し	はなはだしい・ひどく
いたづら	徒	無駄だ、むなしい
いつしか	何時しか	いつの間にか、早く
いで		さあ

いとど		ますます、ただでさえ
いとほし	厭ほし	かわいそうだ、いじらしい
いはけなし	稚けなし	幼い
いふかひなし	言ふかひなし	どうしようもない、取るに足らない
いふせし		恋しい、気が晴れない、うっとうしい
いへばさらなり	言へば更なり	言うまでもない
いまいまし	忌ま忌まし	演技が悪い、慎むべきだ
います	在す、坐す	いらっしゃる
いまそがり		いらっしゃる
いまめかし	今めかし	現代的だ、わざとらしい
いみじ	忌みじ	並々でない、たいへん、ひどく、とても
いも	妹	男性が女性に対して親しみをもって呼ぶことば
いやし	卑し	身分が低い
います	在す 坐す	いらっしゃる、おいでになる

いろ		美しさ・風情・情事
いをぬ	寝を寝	眠る
いんじ	往んじ	去る
うし	憂し	つらい・うらめしい
うしろめたし	後ろめたし	気がかりだ
うしろやすし	後ろ安し	気がかりではない、安心だ
うたて	転て	ますます、気味悪く、いとわしく
うち・うへ	内、内裏・上	天皇、宮中
うつくし	愛し、美し	かわいらしい
うとし	疎し	親しくない、無関心だ
うべ・むべ	宜	なるほど、いかにも
うるはし	麗し、美し、愛し	きちんとしている、きれいだ、立派だ、仲が良い
うれふ	憂ふ、愁ふ	悲しみ嘆く、心配する
え～打消	得	～できない

えさらず	得避らず	避けられない
えならず		並大抵ではない
えもいはず	えも言はず	何とも言いようがない
えん	艶	優美だ、なまめかしい
おかしげなり		いかにも風情があると感じられる
おきつ		考え定める・命令する・取り計らう
おくる	後る	先立たれる、気後れする
おこたる	怠る	なまける、病気が治る
おこなふ	行ひ	～する、仏道修行する
おとなし	大人し	大人びている、年輩である、穏やかである
おどろおどろし	驚々し	恐ろしい、おおげさだ
おどろく	驚く	気づく・目覚める
おはす	御座す	いらっしゃる
おぼえ	覚え	評判・寵愛・思う

おほかた	大方	だいたい、全然
おほけなし		恐れ多い
おぼしめす	思し召す	お思いになる
おほす	仰す	おっしゃる、お命じになる
おぼつかなし	覚束なし	はっきりしない、頼りにならない、気がかりだ、待ち遠しい
おほとのごもる	大殿籠る	おやすみになる
おほやけ	公	天皇、宮中
おぼろげ		普通だ、並大抵ではない
おぼゆ		（自然に）思われる
おもしろし	面白し	趣深い
おろか	愚か、疎か	うかつだ、いいかげんだ
か（は）		～だろうか・～だろうか（いやそうではない）
かかれば	斯かれば	このようであるので

かく	斯く	このように
かこつ	託つ	他のせいにする
かしこし	畏し、賢し	恐ろしい、恐れ多い、賢明である
かしこまり	畏まる	きちんと座る、わびる
かしづく	傅く	大切に育てる・世話をする
かしらおろす		出家する
かたくな	頑な	頑固だ、情緒がわからない
かたじけなし		恥ずかしい、恐れ多い、もったいない
方たがえ		方塞がりで、方角を変えるために別の場所に泊まること
かたち		容貌・顔立ち・姿
かたはらいたし	傍ら痛し	見苦しい
かたみに	互に	互いに、かわるがわる
かち	徒	徒歩

かつ	且つ	一方では
かなし	愛し、悲し	いとしい、心惹かれる、悲しい、しゃくにさわる
かひまみる		のぞき見する
がり		～のところに
かりそめ	仮初め	一時的だ、軽はずみだ
かる	離る	離れる、間を置く
かんだちめ		三位以上の貴族
きこえ		評判・うわさ
きこしめす	聞こし召す	お聞きになる
きこゆ	聞こゆ	世に知られる・申し上げる
きは	際	端、境目、側、身分、限度、最後
きぬぎぬ		一夜を共にした男女が翌朝衣を着て別れていくこと
きよら	清ら	清らかで美しい

ぐす	具す	備わる、従う
くちをし	口惜し	残念だ
くまなし	隈なし	影がない、なんでも知っている
くもゐ	雲居	空、宮中
くらうど	蔵人	蔵人所勤務の役人
けいす	啓す	申し上げる
けしき	気色	有様・様子
けしきばかり	気色許り	ほんのちょっと
けそうぶん	懸想文	恋文
げに	実に	本当に、いかにも
けはひ	気配	様子・雰囲気
けやけし		様子、雰囲気
こうず	困ず	困る、悩む、疲れる
こころ・ここだく・ここだ	巨多ら、幾許	たくさん

こころうし	心憂し	つらい、不快だ
こころぐるし	心苦し	つらく悲しい、気の毒だ
こころづきなし	心付きなし	気に入らない
こころ	心	気持ち、意味、事情
こころもとなし	心許なし	はっきりしない、気がかりだ
こちたし	言痛し、事痛し	大げさだ、とても多い
こと	言	言葉、和歌、うわさ
こと	事、異	動作、事情
ことなり		格別だ
ことに		特に
ことわり	理	道理、理由
さ	然	そのように
さうざうし	索々し、寂々し	物足りない
ざえ	才	才能、学問

さかし	賢し	利口だ
させる		これといって
さても		それにしても
さぶらふ	侍ふ、候ふ	いる・仕える・です・ます
さながら	然ながら	そのまま、全く、あたかも
さはる	障る	差し支える
さへ		～さえも・～までも
さらなり		いうまでもない、もちろん
さらでも	然らでも	そうでなくても
さらに～打消		全く～ない
さらぬわかれ	避らぬ別れ	死別
さりとも	然りとも	そうはいっても
さりながら		しかしながら
さるは	然るは	そうではあるが

さるべき	然るべき	しかるべき、立派な
さるべし		ふさわしい
されど		そうではあるが
されば		そうであるから
しつらふ	設ふ	用意する
しどけなし	静気なし	だらしない
しな	品、級、科	地位、種類
しのぶ	忍ぶ	恋慕う・我慢する、秘密にする
しるし	験、著し	効果、霊験、はっきりしている
上臈		身分、地位の高い女性
すき	好き、数奇	風雅の道、好色なこと
すきずきし	好き好きし	物好きだ、好色のような
すくせ		前世からの因縁

すごし	凄し	物寂しい、気味の悪い、美しい
すさまじ	凄じ、冷じ	興覚めだ・ぞっとする、寂しい
すずろなり	漫ろ	なんとなく・むやみに
すだく	集く	集まる、(虫などが)鳴く
すなわち	即ち、乃ち、則ち、便ち	すぐに、その時は
すべなし		どうしようもない
すら		～さえも
せうそこ	消息	連絡
せめて	責めて	無理に、非常に、少なくとも
せんざい	前栽	庭に植えた木などの植物
そうす	奏す	申し上げる
そらごと		嘘
たえて	絶えて	少しも、特に
たそがれ		夕方の暗いころ

たてまつる	奉る	差し上げる
だに		～さえも
たのむ	頼む	あてにする、あてにさせる
たへて～打消		全く～ない
たぶ	賜ふ・給ぶ、贈ぶ	お与えになる、お～になる
たまはる	賜はる、給はる	いただく
たまふ	賜ふ、給ふ	お与えになる、お～になる
たより	便り、頼り	頼れるもの、機会、手紙
ちぎり	契り	約束、因縁、夫婦の契り
ちぎる	契る	夫婦の縁を結ぶ
つかうまつる	仕う奉る、仕る	お仕えする、申し上げる
つきごろ		数か月
つきづきし	付き付きし	似つかわしい、ふさわしい
つごもり		月の最後の日

つたなし	拙し	下手だ、運が悪い
つと		急に、じっと
つとめて		早朝・翌朝
つゆ	露	全く
つらし	辛し	辛い、薄情だ
つれづれなり		退屈だ
つれなし		よそよそしい、変わりない
て	手	筆跡、手段
ときめく	時めく	時代の波に乗って勢いづく
としごろ	年頃	数年
とぶらふ	訪ふ、弔ふ	訪問する、弔問する
とまれかうまれ		ともかく
な～そ		～な・～するな
なかなかなり	中々	中途半端だ・かえって

ながむ	眺む	物思いする
なさけ		思いやり、情緒
なでふ		どうして
など		なぜ
なにおふ	名に負う	有名である
なのめなり	斜め	平凡だ・いい加減だ
なべて	並べて	一般に
なべてならず	並べてならず	並々ではない
なほ	尚ほ、猶ほ	やはり、ますます
なほざりなり		本気ではない・いい加減
なまめかし	生めかし、艶めかし	優美だ、みずみずしい、しっとりしている
なめし	無礼し	無礼だ
なやむ	悩む	病気になる

ならふ	慣らふ、馴らふ	習慣になる、慣れ親しむ
にくし	憎し	気に入らない、醜い、奇妙だ
にほひ	匂ひ	美しい色、栄える
にほふ		美しい・香る
ねたし	嫉し、妬し	憎らしい、残念だ
ねぶ		年をとる、おとなびる
ねをなく	音を泣く	声をあげて泣く
ねんず		祈る・我慢する
のたまふ		おっしゃる
ののしる	罵る	大騒ぎする
はかなし	儚し、果敢無し	死ぬ、むなしい、
はかばかし	果々し、捗々し	頼みがいがある、てきぱきとしている、明確だ
はしたなし	端たなし	中途半端だ、無愛想だ、体裁が悪い
花		桜・梅・花

はべり	侍り	いる・仕える・です・ます
はるばるなり		遠く広く続いている様子
ひがごと	僻事	間違い、道理に外れたこと
ひがひがし	僻々し	風流ではない、ひねくれている
ひごろ		数日
ひたぶる	頓、一向	いちずだ、まったく～だ
ひとやりならず	人遣りならず	自分で
ひねもす	終日	一日中
ひま	暇	時間、スキマ、良い機会、休暇
ふみ	文	手紙、漢詩、文字
ほい	本意	もともとの意志
ほだし		出家の妨げになる妻子
ほど	程	程度、身分
ほどほど		それぞれの身分

まうけ		接待・準備
まうす	申す	申し上げる
まうづ	参づ、詣づ	参上する、参拝する
まかづ	罷づ	退出する
まがふ	紛ふ	入り乱れる、区別がつかない
まかる		退出する、参上する、～ます
まどふ	惑ふ	思い悩む、あわてる
まばゆし		まぶしい・まぶしいほど美しい・恥ずかしい・見ていられない
まめなり		真面目だ、浮気性ではない
まもる	守る	じっと見つめる、見張る
まらうど		客人・もてなし
まゐらす	参らす	差し上げる、申し上げる
まゐる	参る	参上する、差し上げる、召し上がる、参詣する

みかど		天皇
みぐしおろす		出家する
みそかなり		ひそか
みち		仏道
みめ		見た感じ
みやび	雅び	上品で優雅である
みゆ	見ゆ	見える、会う、結婚する
みる	見る	見る、面倒をみる、行う、理解する、結婚する
むげなり		ひどいこと・あんまりなこと
むげに	無下に	むやみに、まったく
むすぶ	結ぶ・掬ぶ	構える、約束する、凝る、(水などを)すくう
むつかし	難し	不快だ、面倒だ、気味が悪い
むなし	空し、虚し	無駄だ、事実ではない、空っぽだ、はかない
めざまし	目覚まし	気に食わない、すばらしい
めす	召す	お呼びになる、召し上がる、お召しになる、~なさる
めづ	愛づ	ほめる、可愛がる
めづらし	珍し	すばらしい、新鮮だ
めでたし	愛甚し	すばらしい、よろこばしい、かわいらしい
めやすし	目安し	感じがいい
もこそ、もぞ		~するといけない
もてなす	もて成す	とりなす、取り扱う、面倒をみる
ものうし	物憂し、懶し	つらい、面倒くさい
ものす	物す	する
や(は)		~だろうか・~だろうか(いやそうではない)
やうやう	漸う	だんだん
やがて	軈て	そのまま、すぐに

やさし	恥し、差し、優し	つらい、はずかしい、上品だ、けなげだ
やむごとなし	止む事なし	身分が高い
やや	漸	だんだん、少し
やる		送る、破る
ゆかし	床し	～したい
ゆくりなし	緩りなし	思いがけない
ゆふされば	夕されば	夕方になると
ゆめやめ～打消		全く～ない
ゆゆし	由々し、忌々し	不吉だ、はなはだしい、恐れ多い
ゆゑ	故	理由・由緒
ようい		配慮・注意
ようせずは	善うせずは	ひょっとすると
よごもり		深夜
よし	由	方法・理由

よし～とも		たとえ～とも
よしなし	由なし	つまらない、情がない
よすが	因、便、縁	便りになるもの、縁、手段
よは		夜中・夜の更けたころ
よひ		暗くなってすぐ
よに	世に	非常に、全然
よのなか	世の中	世間、知世、男女の仲、あたり
よも～じ		よもや～ない・まさか～ない
よろこび	喜び	御礼、お祝い事、喜ぶ
よろし	宜し	悪くはない、すばらしい
よをかる		出家する
よをすつ		出家する
よをそむく		出家する
よをのがる		出家する

らうがはし	乱がはし	乱雑だ、やかましい
らうたし	労甚し	かわいい、いとしい
れい	例	先例、普通、いつも
わたり	辺り	あたり、人のいるところ、人
わたる	渡る	行く、広く及ぶ、ずっと〜する
わづらふ	頓ふ、患ふ	悩む、病気になる、〜しかねる
わびし	侘し	寂しい、つらい
わび	侘び	つらい・寂しい・困る
わりなし	理なし	無理だ、道理に合わない、つらい
われかのけしき	吾かの気色	正体がなく
わろし		悪い
ゐる	居る	座る、ずっと〜ている
ゐる		引き連れる

をかし	可笑し、痴し	趣がある
をさをさ〜打消		ほとんど〜ない
〜を〜み		〜が〜ので

参考資料　文法

動詞

「動詞」とは、例えば、「咲く」というように、「動作をあらわす言葉」を意味します。動詞の活用形（語尾の変化）は、九つの活用の種類に分かれます。

また、ここで出てくる「未然形・連用形・終止形・連体形・已然形・命令形」という活用の種類は、形容詞・形容動詞・助動詞など、活用のある他の品詞でも出てきます。この時点でしっかり覚えておきましょう。

- 未然形……仮定条件（〜ならば）、否定（〜ず）に付くという意味。
- 連用形……用言（動詞・形容詞・形容動詞）に付くという意味（用言以外に「たり・て」などにも付く。）
- 終止形……その単語だけで言い切ることを意味する。
- 連体形……体言（名詞）に付くという意味。
- 已然形……確定条件（〜だけど）等に付くという意味。
- 命令形……命令を意味するということ。後ろに単語はつかない。

【動詞の活用の種類】

	語幹	未然形 ば ず	連用形 たり （用言）	終止形 。	連体形 （体言）	仮定形 ども	命令形 ！
四段活用		a	i	u	u	e	e
咲く	咲	か	き	く	く	け	け
上一段活用							
着る	○	き	き	きる	きる	きれ	きよ
上二段活用		i	i	u	iる	iれ	iよ
落つ	落	ち	ち	つ	つる	つれ	ちよ
下一段活用							
蹴る	○	け	け	ける	ける	けれ	けよ
下二段活用		e	e	u	uる	uれ	eよ
捨つ	捨	て	て	つ	つる	つれ	てよ
カ行変格活用							
来る	○	こ	き	く	くる	くれ	こ
サ行変格活用							
す	○	せ	し	す	する	すれ	せよ
ナ行変格活用							
死ぬ	死	な	に	ぬ	ぬる	ぬれ	ね
ラ行変格活用							
あり	あ	ら	り	り	る	れ	れ

※上一段活用……「着る」「似る」「煮る」「見る」「射る」「居る」など。
※下一段活用……「蹴る」のみ
※サ行変格活用……「す」「～す」「おはす」など。
※ナ行変格活用……「死ぬ」「往ぬ」のみ
※ラ行変格活用……「あり」「居り」「侍り」「いまそがり」

形容詞と形容動詞

例えば「犬は静かだ」「彼は堂々とした」「紫式部は美しい」というときの「静かだ・堂々とした・美しい」という言葉は、事物の状態や性質を表していますね。このような「事物の状態や性質を表すことば」は、特徴ごとに、「形容詞」「形容動詞」と分類します。

それぞれの特徴を知ることで、「事物の状態や性質を表すことば」がより具体的に示そうとしている意味を簡単に把握することができるようになります。

そこで、まずは、各グループ「形容詞」「形容動詞」の特徴の〈共通点〉と〈違い〉について見てみましょう。

【形容詞と形容動詞の共通点】

共通点①　事物の状態や性質を表す言葉である

例 うつくし、うれし、悲し、良し、悪し、静か、堂々、恥づかし

共通点②　自立語で活用がある

自立語とは、その単語だけで意味をなしうる言葉のことです。例えば「美しい」という単語だけでも意味は通じますよね。ちなみに自立語でないものは「付属語」と呼ばれ、助詞や助動詞など、その単語だけでは意味が通じない言葉のことを指します。

自立語という特徴をもつ形容詞・形容動詞ですが、ともに「活用（語尾が変化する）」があり、語尾次第で意味が変化するのです。

共通点③　単独で述語・連体修飾語・連用修飾語になることができる

「単独で述語になれる」というのは、例えば「今朝は静かだ（静かなり）」のように、「今朝は（主語）」に対して、「静かなり（述語）」という言葉だけでも文章を作ることができるという意味です。

また、「単独で連体修飾語・連用修飾語になれる」というのは、

- 静かなる時（連体修飾語…名詞を修飾する言葉という意味）
- 静かなりけり（連用修飾語…語尾が変化する単語を修飾する言葉という意味）

というかたちで文章を作ることができるという意味です。

【形容詞と形容動詞の違い】

形容詞と形容動詞の違いは、非常に単純です。ただし、あくまでも古文の単語としての分類なので、例えば「古文の単語〈悪し〉」＝現代の単語〈悪い〉」といったように、現代語をそのまま適用できない場合もあります。したがって、常に「古文の単語を基準にして分類する必要」があります。

- 形容詞の特徴…「し」で言い切ることができる単語

例 うつくし、うれし、悲し、良し、悪し

- 形容動詞の特徴…「なり」「たり」で言い切ることができる単語

例 静か、堂々、すずろ、むげ、みそか

【形容詞の活用形】

形容詞の活用の種類は、「ク活用」と「シク活用」の二種類があります。

	語幹	未然形	連用形	終止形	連体形	仮定形	命令形
		ば ず	たり (用言)	。	(体言)	ども	＼
ク活用							
赤し	赤	から く	かり く	し	かる き	けれ	かれ
シク活用							
美し	美	しから しく	しかり	し	しかる しき	しけれ	しかれ

【「ク活用」と「シク活用」の見分け方】

後ろに「なる」を付けてみる

「〜くなる」→ク活用

「〜しくなる」→シク活用 例

例 「赤し」＋「なる」＝赤くなる ⇩ ク活用

「美し」＋「なる」＝美しくなる ⇩ シク活用

【形容動詞の活用形】

形容動詞の活用の種類は、「ナリ活用」と「タリ活用」の二種類があります。

	語幹	未然形	連用形	終止形	連体形	仮定形	命令形
		ば ず	たり (用言)	。	(体言)	ども	＼
ナリ活用							
静かなり	静か	なら	なり に	なり	なる	なれ	なれ
タリ活用							
堂々たり	堂々	たら	たり と	たり	たる	たれ	たれ

助動詞

「助動詞」とは、「用言について叙述の意味を助け補う言葉」のことです。その単語だけでは意味が通じない「付属語」ですので、何か他の言葉と必ずセットで使われ、他の言葉に新たな意味を付け加えます。

例 「知る（「知っている」ということをあらわす動詞）」＋助動詞「ず（意味…打消）」
＝「知らず（意味…知らない）」

助動詞は必ず他の言葉とセットで使われるので、古文の中でも頻繁にでてきます。したがって、「助動詞の意味」を知っておくと大変便利です。

【様々な助動詞】

過去の助動詞

「けり」「き」は、〈過去（もう終わったこと）〉をあらわします。訳は「〜した（そうだ）、〜だなあ」となります。

	未然形	連用形	終止形	連体形	已然形	命令形
けり	（けら）	○	けり	ける	けれ	○
き	（せ）	○	き	し	しか	○

例 木の間より　もりくる月のかげみれば　心づくしの秋は来にけり
➡ 助動詞「けり」終止形（「けり」には詠嘆の意味もあります。）
今は昔、竹取の翁といふ者ありけり
➡ 助動詞「けり」終止形
立つ時物うく心とまる、苦しかりき
➡ 助動詞「き」終止形
都いでて君にあはむと、来しものを
➡ 助動詞「き」連体形
いつぞや、縄を引かれたりしかば、
➡ 助動詞「き」已然形

推量の助動詞

よく使われるものは次の七種類で、それぞれ少しずつ意味が異なります。

- む……根拠のない不確かな推量（〜だろう）
- べし……何らかの根拠による確実性の強い推量（当然〜だろう）
- らむ……現在起こっている事についての不確かな推量（今ごろは〜しているだろう）
- けむ……過去の事についての不確かな推量（〜ただろう・だろう）
- らし……眼前の確実な根拠がある推量（〜らしい）

・めり……眼前の事を断定的に表現することを避けて遠まわしにいう表現（～ようだ）

・まし……事実に反することを仮に考えて想像すること（もし～としたら～だろう）

	未然形	連用形	終止形	連体形	已然形	命令形
む	○	○	む	む	め	○
べし	（べく）べから	べく べかり	べし	べき べかる	べけれ	○
らむ	○	○	らむ	らむ	らめ	○
けむ	○	○	けむ	けむ	けめ	○
らし	○	○	らし	らし	らし	○
めり	○	めり	めり	める	めれ	○
まし	（ませ）ましか	○	まし	まし	ましか	○

例 ひさかたの光のどけき春の日にしづ心なく花の散るらむ

➡助動詞「らむ」終止形

我、行かむ

➡助動詞「む」終止形

このいましめ、万事にわたるべし

➡助動詞「べし」終止形

人の歌の返し、とくすべきを

➡助動詞「べし」連体形

推量の助動詞

「ぬ」「つ」は、

① 完了「～てしまった、～た」

② 強意「きっと…（に違いない）」（※必ず下に推量の助動詞が付く）という意味をあらわします。

	未然形	連用形	終止形	連体形	已然形	命令形
ぬ	な	に	ぬ	ぬる	ぬれ	ね
つ	て	て	つ	つる	つれ	てよ

例 暮れぬれば参りぬ。

➡助動詞「ぬ」終止形

恥をも忘れ、盗みもしつべきことなり。

➡助動詞「つ」終止形（「べき」は推量の助動詞＝「つ」は強意です。）

受身・尊敬・可能・自発の助動詞

「る」「らる」は
①受身「〜される」
②尊敬「〜なさる、お〜になる」
③可能「〜できる」
④自発「自然に〜する気になる」
という意味をあらわします。

	未然形	連用形	終止形	連体形	已然形	命令形
る	れ	れ	る	るる	るれ	れよ
らる	られ	られ	らる	らるる	らるれ	られよ

例 鐘の音に勧め**られ**て出で立つも
➡助動詞「らる」連用形…受身
いづれの船にか乗ら**る**べき。
➡助動詞「る」終止形…尊敬
もとの人とも思は**れ**ず。
➡助動詞「る」未然形…可能
恋しう思ひ出で**らるる**時
➡助動詞「らる」連体形…自発

尊敬・使役の助動詞

「す」「さす」「しむ」は、
①尊敬「〜なさる」、
②使役「〜せる、〜させる」
という意味をあらわします。

	未然形	連用形	終止形	連体形	已然形	命令形
す	せ	せ	す	する	すれ	せよ
さす	させ	させ	さす	さする	さすれ	させよ
しむ	しめ	しめ	しむ	しむる	しむれ	しめよ

例 御簾を上げたれば、笑は**せ**たまふ
➡助動詞「す」連用形…尊敬
われに言ひて、聞か**せよ**
➡助動詞「す」命令形…使役
我負けて、人を喜ば**しめ**むと思はば、
➡助動詞「しむ」連用形…尊敬

願望の助動詞

「まほし」は、「〜したい」という意味をあらわします。なお、何をしたいのかは、直前の動詞があらわしています。

例「行かまほし」
「行く」＋「まほし（〜したい）」＝「行きたい」

	未然形	連用形	終止形	連体形	已然形	命令形
まほし	（まほしく） まほしから	まほしく まほしかり	まほし	まほしき まほしかる	まほしけれ	○

例 あるいは、おのが行かまほしき所へ去ぬ

⬇ 助動詞「まほし」連体形

打消の助動詞

「ず」は、「～ではない」という意味をあらわします。活用が特殊になるので注意しましょう。

	未然形	連用形	終止形	連体形	已然形	命令形
ず	ず ざら	ず ざり	ず	ぬ ざる	ね ざれ	ざれ

例 風吹かぬ日

⬇ 助動詞「ず」連体形

いまだ悟らざりし

⬇ 助動詞「ず」連用形

打消推量の助動詞

「じ」「まじ」は、「～（では）ないだろう」という意味をあらわします。

	未然形	連用形	終止形	連体形	已然形	命令形
じ	○	○	じ	じ	じ	○
まじ	（まじく） まじから	まじく まじかり	まじ	まじき まじかる	まじけれ	○

例 ある人の、「月ばかりおもしろきものはあらじ。」と言ひしに

⬇ 助動詞「じ」終止形

《その他の助動詞》

- むず……推量（～だろう）、意志（～しよう）
- たり……完了（～た、～てしまう）、存続（～ている）、断定（～だ、～である）
- たし……願望（～たい、～てほしい）
- なり……伝聞（～という、～そうだ）、推定（～らしい）、断定（～だ、～である）
- り……完了（～て、～てしまう）、存続（～ている、～てある）
- ごとし……比況（～のようだ）、例示（～のような）

助詞

ここでは「助詞」について、「係助詞」と「副助詞」、「接続助詞」とに分けて見ていきましょう。

【係助詞】

「係助詞」とは、いろいろな語に付いて、文末を一定の活用形に

結ぶ助詞のことです。「ぞ」「なむ（なん）」「や」「か」「こそ」があります。

① 係り結びの法則

文中に係助詞「ぞ」「なむ（なん）」「や」「か」「こそ」がある場合は、文末を終止形以外の活用形で結ぶルールです。

「ぞ」「なむ（なん）」「や」「か」は連体形で。「こそ」は已然形で結びます。

② 意味

◉ 強意の係助詞

「こそ」「ぞ」「なむ」は、文章に強い意味を加えます。「こそ」以外は、わざわざ訳す必要はありません。ただし、読む際に〈強調している〉という意味を感じ取ってください。

例 折節の移り変るこそものごとにあはれなれ。

⬇ 強意の係助詞「こそ」

訳：季節の移り変わるのこそ、何事にもしみじみした趣がある。

遣戸よりぞ入りたまひぬる

⬇ 強意の係助詞「ぞ」

訳：遣戸からお入りになった

歌をなむよみていだしたりける

⬇ 強意の係助詞「なむ」

訳：歌を詠んで差し出したのだった

◉ 疑問・反語の係助詞

「や（は）」「か（は）」は、「〜だろうか（疑問）」もしくは「〜だろうか、いやそうではない（反語）」と訳します。「疑問」と「反語」のどちらの意味で訳すかは、文脈で判断しましょう。

例 蓑笠やある

⬇ 疑問・反語の係助詞「や」

訳：蓑笠はありますか。

（単純に質問しているようなので「疑問」で訳す）

われは、さやは思ふ

⬇ 疑問・反語の係助詞「や」

訳：私はそう思うだろうか、いや思わない。

（自分に対して訊ねるというのもおかしいので、「反語」で訳す）

生きとし生けるもの、いづれか歌をよまざりける

⬇ 疑問・反語の「か」

訳：この世に生きているすべてのもののうち、誰が歌を詠まなかったであろうか、いや、みな詠んだ。

【副助詞】

「副助詞」には、「だに」「すら」「さへ」の三種類の言葉があり、「だに」は「〜さえ、〜だけでも」、「すら」は「〜さえ」、「さへ」は「〜までも」と訳します。

例 光やあると見るに、蛍ばかりの光だになし。

➡副助詞「だに」

言問はぬ木すら妹と兄ありとふを

➡副助詞「すら」

いと物悲しと思ふに、時雨さへうちそそぐ。

➡副助詞「さへ」

【接続助詞】

「接続助詞」のうち、「て」と「を」は順接・逆接の意味をもつ単語です。順接は「て」を「**～して**」、「を」を「**～ので**」と訳し、逆接ではどちらも「～けれども」と訳します。なお、順接・逆接のどちらで訳すのかは、文脈で判断します。

例 十日、さはることありて、のぼらず

➡接続助詞「て」（順接）

汝、姿は聖人に似て、心は濁りにしめり

➡接続助詞「て」（逆接）

明日は物忌みなるを、門かどつよくささせよ

➡接続助詞「を」（順接）

八重桜は奈良の都にのみありけるを、この頃ぞ世に多くなりはべるなる

➡接続助詞「を」（逆接）

その他の接続助詞

・「で」・・・打消接続の意味をもち、「～ないで」と訳します。

・「ば」・・・接続する活用形により意味が異なります。

❶未然形＋「ば」　順接仮定条件　「もし…（た）ならば」

❷已然形＋「ば」　順接確定条件　「…ので、…から」

セットで使う単語

単語のなかには、ある一定の単語とセットとなり使われることが多いものがあります。ここでは、しばしば「一緒になって使われる組み合わせ」についてみていきましょう。

① 副詞＋打消の言葉

副詞「たえて」「さらに」「え」は、よく打消の言葉とセットで使われます。「え＋打消」は「**～できない**」と訳し、残りの二つの単語は「**全く～ない**」と訳します。

例 世の中にたえて桜のなかりせば

➡副詞「たえて」＋「なかり（打消）」

昔の人のよめるは、さらに同じものにあらず

➡副詞「さらに」＋「～ず（打消）」

道知れる人はさらに信もおこさず。

➡副詞「さらに」＋「～ず（打消）」

若き物どもは、え見知らじ

➡副詞「え」＋「～じ（打消）」

さる君を見おき奉りてこそ、え、行くまじけれ

⬇副詞「え」＋「まじけれ（打消）」

②「な…そ」

副詞「な」は、例えば「あやまちを犯すな」というように、もともと禁止を表す言葉です。したがって、「な」だけで使われていても**禁止を意味します**。訳は「～な」です。

例 人ないたくわびさせたてまつらせ給ひそ

⬇副詞「な」＋「そ」

もの知らぬことなのたまひそ

⬇副詞「な」＋「そ」

あやまちすな

⬇副詞「な」

③「よし…とも」

副詞「よし」の意味は「たとえ」なので、「よし…とも」で「たとえ…とも」と訳します。

例 よし思ひやむとも

⬇副詞「よし…とも」（仮定条件を意味する。）

④「よも…じ」

副詞「よも」は、現代語でもたまに使われる「よもや」と同じ言葉です。今でも、「よもや（まさか）先生とは思いませんでしたので」といった形で使いますね。**「よもや（まさか）～ないだろう」**と訳し、打消推量の意味をもちます。

例 尼が細工によもまさりはべらじ

⬇副詞「よも…じ」（打消推量を意味する。）

⑤「をさをさ」

副詞「をさをさ」は、下に打消などの言葉を伴い、「ほとんど～ない」と訳します。

例 秋にはをさをさ劣るまじけれ

⬇副詞「をさをさ」＋打消推量

「ぬ」の識別について

打消の助動詞「ず」の連体形と、完了の助動詞「ぬ」の終止形はどちらも「ぬ」です。ここでは「ぬ」の識別についてみておきましょう。

★打消の助動詞「ず」の活用「ぬ」は前の単語は必ず未然形の活用をしています。

例 京には見えぬ鳥なれば

⬇助動詞・打消し「ず」連体形

★完了の助動詞の「ぬ」は前の単語は必ず連用形の活用をしている！

例 送りに来つる人々、これよりみな帰りぬ

⬇助動詞・完了「ぬ」終止形

第3章

漢　文

1.

返り点

この単元では、返り点の学習をしていきます。返り点を学習することによって漢文を読む順番がわかるようになります。また、書き下し文をつくるためのルールも合わせて学習し、現代語訳ができるようになりましょう。

ポイント

まずば、漢文を読むにあたって必要な言葉を理解しましょう。

◉ **白文**……漢字だけの漢文。

例 子曰。學而時習之。不亦説乎。

◉ **送りがな**……漢字の横に添える助詞や助動詞。右側にカタカナで表記。

例 子曰《ク》。學《ビテ》而時《ニ》習《フ》レ之《ヲ》。不ニ亦説《バシカラズ》一乎。

◉ **ふりがな**……漢字のよみがな。漢字の横に平仮名で表記。

例 子曰《ク》。學《ビテ》而時《ニ》習《フ》レ之《これヲ》。不ニ説《バシカラズや》一乎。

◉ **書き下し文**……漢字と平仮名で漢文を書き直したもの。漢字かなまじり文ともいう。

例 子曰く、学びて時に之を習う。亦説ばしからずや。

返り点

「返り点」とは、**漢文の左側についている記号**のことで、記号がついている文字（漢字）は「この単語は上から下に読まずに、指定された順番通り読んでください」という意味を示しています。漢文は昔の中国語なので日本語の語順と違うところも多くあります。そこで、昔の日本人は「返り点」を使って読む順番を表すようになりました。
「返り点」には、大きく分けて「**レ点、一二点、上下点、甲乙点**」の四種類があります。

◉ **レ点**……下の一字から上の一字に返って読みます。

2レ 1。
2レ 1 3。
1 3レ 2。

例 登《ル》レ山《ニ》。 ⇩ 山に登る。
読《ム》レ書《ヲ》。 ⇩ 書を読む。

◉ **一二点**……二字以上離れた下の字から返って読みます。二点がついている字を一旦読み飛ばし、一点がついている字まで読んだら二点に戻って読みます。

3二 1 2一。
1 4二 2 3一。
5二 1 3レ 2 4一。

例 登《ル》二南 山《ニ》一。 ⇩ 南山に登る。
看《ル》二月 光《ヲ》一。 ⇩ 月光を看る。

◉**上下点**……二字以上離れた文字に戻って読むのが二度の場合に使用します。「一二点」を中に挟み、さらに上に返って読みます。

[7]下[1][4]二[2][3]一[5][6]上。

[1][8]下[5]二[2][3][4]一[6][7]上。

[8]下[3]二[1][2]一[4][6]レ[5][7]上[9]。

例 有《リ》下学《ブ》二漢文《ヲ》一者上。⇩漢文を学ぶ者有り。

◉**甲乙点**……二字以上離れた文字に戻って読むのが三度の場合に使用します。「一二点」「上下点」を中に挟み、さらに上に返って読みます。

[9]乙[1][7]下[4]二[2][3]一[5][6]上[8]甲。

[1][11]乙[8]下[2][6]二[3][4][5]一[7]上[9][10]甲。

例 欲《ス》乙得《テ》下有《ル》二才智一者《ヲ》上用《ヒント》レ之《ヲ》。⇩才智有る者を得て之を用ひんと欲す。

◉**一レ点**……レ点と一点を組み合わせたものです。まずレ点に従い下の一字から上の一字に返って読み、次に一点に従い二点へ返って読みます。

[4]二[1][3]一レ[2]。

[4]二[1][3]一レ[2][5]。

例 不二以《テ》レ言《ヲ》挙《ゲ》一レ人《ヲ》。⇩言を以て人を挙げず。

他山之石、可《ベシ》二以《テ》攻《ム》一レ玉《ヲ》。⇩他山の石、以て玉を攻むべし。

◉特殊な記号「-」……返って読む字が二字の熟語である場合、それを示すために二字の間に「-」を引きます。返り点は「-」の左側につけます。

例 教二-育ス之ヲ一。⇩之を教育す。
三二-省ス吾ガ身ヲ一。⇩吾が身を三省す。

書き下し文のきまり

現代語訳に近い形となる「書き下し文」には、作成のルールが四つあります。

◉歴史的仮名遣いで書く。

例 遣《つかはシテ》レ人ヲ随《したがハシム》二其ノ往クニ一。⇩人を遣して其の往くに随はしむ。

◉漢文の漢字はそのまま書き、送りがなはカタカナを平仮名に直す。

例 登レル山ニ。⇩山に登る。
花開キ鳥鳴ク。⇩花開き鳥鳴く。

◉付属語は平仮名にする。

例 他山**之**石。⇩他山**の**石
天下治マル**歟**。⇩天下治まる**か**。
学ンデ而時ニ習レフ之ヲ、**不**二亦説バシカラ一**乎**ヤ。⇩学んで時に之を習ふ、亦説ばしから**ずや**。
人皆有リ二**不**レル忍レビ人ニ**之**心一。⇩人皆人に忍び**ざるの**心有り。

※付属語は、助詞・助動詞のようにその言葉ひとつでは意味を持たない単語のことを指します。現代語の例文であらわすと左のようになります。

例 私はおにぎりが好きです。

□で囲まれた単語はそれだけで何を表すかわかるので自立語、○で囲まれた単語はそれだけでは何を表すかわからないので付属語です。

◉置き字は書かない。

書き下し文を作るにあたって、中国語的には意味をもつ漢字ですが、**日本語として読む場合は「読まない字」として処理する**字があります。これを**置き字**といいます。置き字の種類については次で学習していきましょう。

置き字の種類

ここでは、**置き字**の種類と本来の中国語的な意味についてみていきます。

◉而

「而」という単語をはさんで、前と後ろの内容が順接または逆接の関係になっていることを示します。順接と逆接のどちらとして用いられているのかは、「而」の前後の内容から判断します。

例 学《ンデ》**而**時《ニ》習《フ》レ之《ヲ》。⇩学んで時に之を習ふ。

（「学んだことを時に復習する」という意味となり、順接）

人不レ知《シテ ラ》**而**不レ慍《ミ》。⇩人知らずして慍《うら》みず。

（「人が分かってくれなくても気にかけない」という意味となり逆接）

◉于・於・乎

前と後ろの単語が、どのような関係になっているのかを示しています。意味は数多くあり、場所・目的・起点・比較・対象・受身・理由などをあらわし、「〜に」「〜より」というニュアンスを表します。

例 敗《ル》二越《ヲ》**于**夫椒《ニ》一。⇩越を夫椒に敗る。

勿《カレ》レ施《スコト》二**於**人《ニ》一。⇩人に施すこと勿かれ。

入《リ》二**乎**耳《ヨリ》一、出《ズ》二**乎**口《ヨリ》一。⇩耳より入り、口より出づ。

◉兮・矣・焉

「兮」は文の調子を整えるために、「矣・焉」は、「ともに」の意味をあらわします。

例 夕《ベニ》死《ストモ》可《ナリ》**矣**。⇩夕べに死すとも可なり。

秋風起《チテ》**兮**白雲起《コル》。⇩秋風起ちて白雲起こる。

ポイント まとめ

- 返り点
  レ点…… 下の一字から上の一字に返って読むときに使う。
  一二点…… 二字以上離れた下の字から返って読む。一二点だけでは足りない場合は上下点や甲乙点を使う。
  一レ点…… まずレ点を扱い、次に一点に従い二字以上離れた二点へ返って読む。

- 書き下し文
  歴史的仮名遣いで書く。
  漢字はそのまま書き、送りがなはカタカナを平仮名になおす。
  付属語は平仮名になおす。
  而・于・於・乎・兮・矣・焉は置き字なので書かない。

Step 基礎問題

■ 返り点に従って、読む順序を□の中に書き入れなさい。例：1 2 4レ3

問一 □□レ□。

問二 □二□□一。

問三 □□二□□一。

問四 □二□□レ□□一。

問五 □下□□二□□一□□上。

問六 □□下□二□□□一□□上。

問七 □乙□□下□二□□一□□上□甲。

問八 □二□□一レ□。

問九 □二□□一レ□□。

問十 □□－二□□□一□

（　　）問中（　　）問正解

Jump　レベルアップ問題

（　　）問中（　　）問正解

■ 書き下し文として最も適当なものを次の①～③のうちから一つを選びなさい。

問一　無シ下不《ざ》ルレ知ラレ愛スルヲ二其《そ》ノ親ヲ一者上。

① 其の親を愛するを知らざる者無し。
② 其の親を愛するを知ら不る者無し。
③ その親を愛するを知らざる者無し。

問二　君子ハ不《ず》二以《も》ツテレ言ヲ挙ゲ一レ人ヲ。

① 君子は以つて言を人を挙げず。　② 君子は言を以つて人を挙げず。
③ 君子は言を以つて人を挙げ不。

問三　窺《うかが》ヒ二-入レテ其《そ》ノ意ヲ一、形-容スル二之《これ》ヲ一、謂《い》フ二之ヲ奪胎法ト一。

① 其の意を窺ひ入れて、之を形容する、之を奪胎法と謂ふ。
② 入れて其の意を窺ひ、容する之を形に、之を奪胎法と謂ふ。
③ 其の意を窺い入れて、之を形容する、之を奪胎法と謂う。

問四　我ハ於周ニ為《な》ルレ客ト。

① 我は周に客と為る。　② 我は於周に客と為る。　③ 我は周に客となる。

問五　温《たづ》ネテレ故《ふる》キヲ而知ルレ新シキヲ。

① ふるきを温ねて新しきを知る。　② 故きを温ねて而新しきを知る。　③ 故きを温ねて新しきを知る。

基礎問題　解説

問一　[1][3]レ[2]。

問二　[3]二[1][2]一。

問三　[1][4]二[2][3]一。

問四　[5]二[1][3]レ[2][4]一。

問五　[7]下[1][4]二[2][3]一[5][6]上。

問六　[1][8]下[5]二[2][3][4]一[6][7]上。

問七　[9]乙[1][7]下[4]二[2][3]一[5][6]上[8]甲。

問八　[4]二[1][3]一レ[2]。

問九　[4]二[1][3]一レ[2][5]。

問十　[1][4]-二[5][2][3]一[6]。

レベルアップ問題　解説

問一【①】
②は助動詞の「不」がひらがなになっていないため、③は「其」が助動詞ではないのにひらがなになってしまっているため誤りです。

問二【②】
①は「以つて」の順序が、③は助動詞の「不」がひらがなになっていないため誤りです。

問三【①】
②は―を無視しているため、③は「窺ひ」「謂ふ」という歴史的仮名遣いを「窺い」「謂う」と現代仮名遣いに変えてしまっているため誤りです。

問四【①】
②は「於」の置き字をそのまま書いてしまっているため、③は「為」が助動詞ではないのにひらがなになってしまっているため誤りです。

問五【③】
①は「故」が助動詞ではないのにひらがなになってしまっているため、②は「而」の置き字をそのまま書いてしまっているため誤りです。

2. 注意するべき漢字

この単元では、再読文字や疑問・反語・受け身・使役など特定の意味を持つ字について学習していきます。書き下し文や訳に注意して整理していきましょう。

Hop 重要事項

再読文字

再読文字とは、二度読む文字のことを指します。再読文字には必ず返り点が付きますが、これは二度目の読みの順序を示します。書き下し文にする際には、最初の読みは漢字のまま残して、二度目の読みは平仮名で書きます。

◉「未ダ—（いまダ—ず）」

「まだ—でない」という、否定の意味を表します。最初の読みは、「未《いま》だ」と読み、二番目の読みは「ず」と読みます。

[未 3 1]レ[2][4][5]。　[未 5 1]二[2][3][4]一[6]。

例 未ダレ決セ。⇩未だ決せず。
未ダ二成 年一ナラ。⇩未だ成年ならず。
未ダル二之ヲ 学バ一也。⇩未だ之を学ばざるなり。

◉「将ニ」（まさニ—す・まさニ—セントす）
「いまにも—しようとする、—しそうである」という意味で、近い未来や推量を表します。最初の読みは、「将《まさ》に」と読み、二番目の読みは「す」と読みます。
「且（まさに—す）」も同じ意味なので一緒に覚えておくとよいでしょう。

例 [4][5]。 [将 5 1]二[2][3][4]一[6]。

◉「当ニ」（まさ二 此ノ 書ヲ一。⇩我将に此の書を読まんとす。
「当然—すべきであ
二番目の読みは「べし」であろう」という意味で、道理の上からの要求や推量を表します。最初の読みは、「当《まさ》に」と読み、
[当 3 1]レ[2][4][5]。 [当 5 1]二[2]「す。

例 人 当ニレ 惜シム二 寸 陰一ヲ。⇩人当に 」。
惜しむべし。

◉「応」(まさニ―ベシ)

「きっと―だろう」という意味で、前の文脈からの推[illegible]します。最初の読みは、「応《まさ》に」と読み、二番目の読みは「べし」と読みます。

[応 3 1]レ [2][4][5]。 [応 5 1]二 [2][3][4]一 [6]。

例 応ニシ レ知ル二故郷ノ事ヲ一。⇩ [illegible]の事を知るべし。

◉「宜」(よろシク―ベシ)

「―するのがよ[illegible]ほうがよい」という意味で、勧告や適当を表します。最初の読みは、「宜《よろ》しく」と読み、二番目の読みは「べ[illegible]ます。

[宜 3 1]シ下 以テ二修身ヲ一為《な》ス上レ本ト。⇩ 宜しく修身を以て本と為すべし。

[宜 5 1]二 [2][3][4]一 [6]。

◉「須」(すべかラク―ベシ)

「必ず―しなければならない・ぜひとも―する必要がある」という意味で、必要・意思を表わします。

最初の読みは、「須《すべか》らく」と読み、二番目の読みは「べし」と読む形式で出てくることが多い再読文字です。

[須 3 1]レ [2][4][5]。 [須 4 1]二 [2][3]一 [5][6]。

例 人須ラクシレ重ンズ二礼儀ヲ一。⇩ 人須らく礼儀を重んずべし＝人はぜひとも礼儀を重んじなければならない。

◉「猶」（なホ―（の）（が）ごとシ）

「ちょうど―と同じである、あたかも―のようである」という意味で、比況を表わします。最初の読みは、「猶《な》ほ」と読み、二番目の読みは、「ごとし」と読みます。

猶3 1 レ 2 4 5 。　猶4 1 二 2 3 一 5 6 。

例　過《ギタルハ》猶《ホ》シレ不《ルガ》レ及《バ》。⇩過ぎたるは猶ほ及ばざるがごとし

◉「盍」（なんゾ―ざル）

「どうして―しないのか（―すればいいのに）」という意味で、反語を表わします。反語とは、疑問の形で表現しながら、実際には疑問を打ち消す強い信念を表す意味をもつ言葉のことです。最初の読みは、「盍《なん》ぞ」と読み、二番目の読みは「ざる」と読みます。

盍3 1 レ 2 4 5 。　盍4 1 二 2 3 一 5 6 。

例　盍《ゾ》ルレ言《ハ》二爾《なんぢノ》志《ヲ》一 ⇩盍ぞ爾の志を言はざる。

再読文字判別法　**「漢字の左側に送りがながある場合は間違いなく再読文字！」**

再読文字を見分けるポイントは、漢字の「右側・左側の両方」に「送りがな」がふってあるという点です。これで90％の再読文字を見つけることができます（「未（いまだ―ず）」と、「将（まさに―す）」と読む時だけは判別がつきません）。通常の文字（再読文字ではない文字）は、漢字の右側にのみ、送りがながふってあります。しかし、再読文字の多くには、漢字の右側と左側の両方に送りがながふってあります。

疑問・反語の意味を持つ文字

疑問とは、例えば「なぜ帰らないのか」といったように、何かをたずねる文、反語とは、その名のとおり、「言ったことと反対の意味を持つ言葉」のことです。例えば「どうして恐れずにいられよう（いや恐れずにはいられない）」といったように、表面上言ったことと逆の意味をもつ文のことです。

例 何《ゾ》哉（何ぞや）。……疑問「どうしてですか」
吾何《ゾ》畏《レン》レ彼《ヲ》哉。（吾何ぞ彼を畏れんや）……反語「私は、どうして彼をおそれようか、いや私はおそれはしない」

◉何《ヲカ》（なんヲカ）、何《ゾ》（なんゾ）何《ノ》（なんノ）

「どうして―か」という意味で、疑問・反語を表します。

例 田園将《ニ》レ蕪《レント》。何《ゾ》不《ル》レ帰《ラ》。⇩田園将に蕪れんとす。何ぞ帰らざる。
埋《ムル》レ骨《ヲ》何《ゾ》期《セン》二墳墓《ノ》地《ヲ》一。⇩骨を埋むる何ぞ墳墓の地を期せん。

※「何」の代わりに「奚《ゾ》」「胡《ゾ》」「安《ゾ》」「焉《ゾ》」・「悪《ゾ》」が使われることもあります。

例 燕《えん》雀《じゃく》安《クンゾ》知《ラン》二鴻《こう》鵠《こく》之志《ヲ》一哉《や》。（燕雀安くんぞ鴻鵠の志を知らんや。）

◉何《ゾ》□乎（なんゾ―か、なんゾ―や）

「どうして―か」という意味で、疑問を表します。

※「乎」の代わりに「哉」や「也」を使うこともあります。

例 何《ゾ》前《ニハ》倨《リテ》而後《ニハ》恭《シキ》也。⇩何ぞ前には倨りて後には恭しきや。

◉誰《カ》・誰《レカ》

「誰が～か、どちらかか～か」という意味で、疑問・反語を表します。

例 誰《カ》為《ニ》二大王《ノ》一為《セル》二此《ノ》計《ヲ》一者《ゾ》。⇩誰か大王の為に此の計を為せる者ぞ。

◉安《クンゾ》（いずクンゾ）

「どうして～か」という意味で、疑問・反語を表します。

例 安《クンゾ》与二項伯《ト》一有《ル》レ故。⇩安くんぞ項伯と故有る。

◉安《クニカ》（いずクニカ）

「どこに～か」という意味で、疑問・反語を表します。

例 民安《クニカ》所《アラン》レ措《ク》二手足《ヲ》一乎。⇩民安くにか手足を措く所あらんや。

◉豈□《ニ》乎

◉「どうして～か」という意味で、疑問・反語を表します。

※「乎」の代わりに「哉」や「也」を使うこともあります。

例 匡《きょう》章《しょう》曰《ク》、陳《ちん》仲《ちゅう》子《しハ》豈《あニ》不《ラン》二誠《ノ》廉《れん》士《しナラ》一哉《やト》。⇩匡章曰く、「陳仲子は豈に誠の廉士ならざらんや」と。

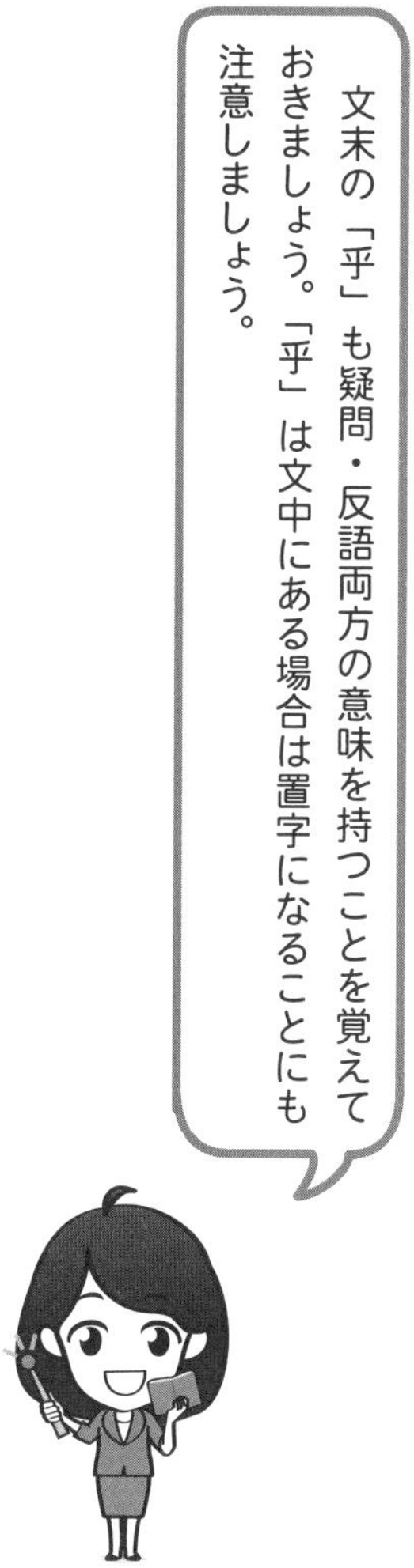
文末の「乎」も疑問・反語両方の意味を持つことを覚えておきましょう。「乎」は文中にある場合は置字になることにも注意しましょう。

ポイント

疑問と反語を見分けるためには、次の二つの手順で攻略しよう。

手順1 漢文の語尾が「や・か」の場合は疑問、「ん・んや」の場合は反語として訳す。それ以外の語尾については、疑問で訳しておく。（「や・か」で終わっているのに反語の場合もあるので手順2も行いましょう）

例 田園将《ニ》レ蕉《レント》。何《ゾ》不《ル》レ帰《ラ》。⇩ 田園将に蕉れんとす。何ぞ帰ら［ざる］。 ― それ以外の語尾（疑問）

埋《ムル》レ骨《ヲ》何《ゾ》期《セン》二墳墓《ノ》地《ヲ》一。⇩ 骨を埋むる何ぞ墳墓の地を期［せん］。 ― 「ん・んや」（反語）

手順2 **手順1**で訳した疑問・反語について、それで正しいかどうかを文脈で判断する。

例 田園将《ニ》レ蕉《レント》。何《ゾ》不《ル》レ帰《ラ》。⇩ 田園将に蕉れんとす。何ぞ帰らざる。

【訳】田園が荒れようとしている。なぜ田園に帰らないのか。

⬇田園がまさに荒れつつある現状に対し「なぜ田園に帰らないのか」と尋ねるのは自然なことでしょう。したがって、自然につながるので「疑問」文です。

例 埋《ムル》レ骨《ヲ》何《ゾ》期《セン》二墳墓《ノ》地《ヲ》一。⇩ 骨を埋むる何ぞ墳墓の地を期せん。

【訳】骨をうずめる所はどうして故郷の墓をあてにしようか、いやしない。

⬇普通に考えると、自分の骨をうずめる場所は、家のお墓があるところ（故郷）でしょう。特に漢文が古い時代に作られたものだとすると、よりいっそう故郷に骨をうずめるということは当然のことといえます。ところが本文中では、骨をうずめる場所として「なぜ故郷の墓をあてにするのか」と、当然のことをたずねています。聞く必要性もないものをたずねている場合には、逆に「そういう必要は必ずしもない」という反語の意味をもちます。したがって、この場合は「反語」です。

受身の意味を持つ文字

受身とは、自分から自発的に行う行為（例えば「私が話した」）ではなく、受動的に受ける行為（例えば「私は話しかけられた」）を表す文のことを指します。

◉被・見・為

「～れる、～られる」という意味で、受身を表します。

例　信ニシテ而見レれ疑ハ、忠ニシテ而被ルレ謗《そし》ラ。⇩信にして疑はれ、忠にして謗らる。

例　被ルレ害セ者 ⇩ 害せらる者 ＝ 害を被った者

被ルレ疑ハ者 ⇩ 疑はるる者 ＝ 疑われている者

◉為ル二□所ト一レ□

「～に～される」という意味で、受身を表します。

例　後ルレバ則チ為ル二人ノ所ト一レ制スル ⇩ 後るれば則ち人の制する所と為る。

◉動詞がそのままで受身になるもの

動詞の後ろに「～らる」「～さる」「～せらる」という送り仮名がつきます。

例　任ゼラル ＝ 任命される

封ゼラル ＝ 領地を与えられる

流サル ＝ 遠い地方に流される

謫セラル ＝ とがめられる

使役の意味を持つ文字

使役とは、ある人が、他の人に、ある行為をさせることを表す文を指します。例えば、「お母さんが、息子にお使いに行かせる」、「先生が、生徒にチョークを取りに行かせる」といったような文です。

◉使

「～に～させる」という意味で、使役を表します。

例 天 帝 使《ム》三 我《ヲシテ》 長《タラ》二 百 獣《ニ》一。 ⇩ 天帝我をして百獣に長たらしむ。

「使」と同じ形で次の字が使われることもあります。

- 令……＝～に命じてさせる
- 教……＝～に教えてさせる
- 遣……＝～を遣わしてさせる

Step

基礎問題

（　　）問中（　　）問正解

■問一～五について、返り点に従って読む順序を□の中に書き入れなさい。ただし、⬚は再読文字として扱うこと。

例　4 1　2　3 一　5

問一　⬚ 二 □　□ レ □　□ 一 □。

問二　□　⬚ 二 □　□　□ 一。

問三　⬚ 下 □　□ 二 □　□ 一 □　□ 上。

問四　□　⬚ 下 □　□ 二 □　□ 一 □ 上レ □。

問五　⬚ 二 □　□ 一 □　□ レ丨 □　□。

■問六～問十について、傍線部の漢字の意味を答えなさい。

問六　武帝崇‐飾シ二仏寺ヲ一、多ク命ジテ二僧繇ニ一画《ゑが》カシムレ之《これ》ニ。

①使役　②受身　③反語

問七　二竜ノ未ダルレ点ゼレ眼ヲ者見在ス。

①疑問　②反語　③否定

問八 欲レスレバ不レラント与ヘ、畏二レ秦ノ強一ヲ欲レスレバ与ヘント、恐レル見レルヲ欺カ。

① 使役　② 疑問　③ 受身

問九 遣二メ従者ヲシテ懐《いだ》レキテ壁ヲ間行シテ先《ま》ヅ帰一ラ、身ハ待ツ命ヲ於秦一ニ。

① 疑問　② 使役　③ 受身

問十 此《こ》レ何遽ゾ不《ざ》レラン為《な》レラ福《さいはヒ》乎《や》ト

① 使役　② 受身　③ 反語

Jump

レベルアップ問題

（　　）問中（　　）問正解

■ 現代語訳として適切なものを①～③のうちひとつ選びなさい。

問一 武帝崇二‐飾シ仏寺ヲ一、多ク命ジテ二僧繇ニ一画《ゑが》カシムレ之《これ》ニ。

※僧繇…南北朝時代、梁の国の画家の名前

① 武帝は仏寺を立派に飾り、多くの場合は僧繇に命じてこれに絵を描いた。
② 武帝は仏寺を立派に飾り、多くの場合は僧繇に命じてこれに絵を描かせていた。
③ 武帝は仏寺によって立派に飾られ、多くの場合は僧繇に命じてこれに絵を描かせていた。

問二 二竜ノ未ダレ点ゼレ眼ヲ者ハ見在ス。

※二竜…この場合、寺に描かれた二匹の竜の絵のこと　点…描く　見在…今もあること。

① 二匹の竜でまだ瞳を描いていないものは、今も存在してある。
② 二匹の竜にはまだ瞳を描いていない。
③ 二匹の竜はまだ瞳を見つけられていない。

問三 欲スレバレ不ざレランレ与へ、畏ルレ二秦ノ強キヲ一；欲スレバレ与ヘントレ、恐ルレ見ルヲレ欺カ。

※欺く…だます

① 秦は強さを与えてほしいと要求し、与えなかったらだまされるだろうと恐れた。
② 与えないとしたら秦が強いということが恐ろしく、与えるとしたらだまされるだろうと恐れた。
③ 与えないとしたら秦が強いということが恐ろしく、与えたら怖いものを見てしまうかもしれないと思った。

問四　遣《メ》二従者《ヲシテ》懐《いだキテ》レ璧《ヲ》間行《シテ》先《まヅ》帰《ラ》一、身《ハ》待《ツ》二命《ヲ》於秦《ニ》一。

※璧…宝玉　間行…こっそりと隠れていくこと

①　従者は宝玉を持って、こっそり先に帰らせ、自分は秦王の命令を待った。

②　従者に宝玉を持たせて、こっそり先に帰らせ、自分は秦王の命令を待った。

③　従者に宝玉を持たせて、こっそり先に帰らせ、自分は秦で命を絶った。

問五　此《こレ》何遽《ゾ》不《ざラン》レ為《なラ》レ福《さいはひト》乎《やト》。

①　これが幸福だと言えるだろうか

②　これがどうして幸福になると言えるだろうか

③　これがどうして幸福にならないと言えるだろうか

基礎問題　解説

問一　[6 1]二 [2] [4]レ [3] [5]一 [7]。

問二　[1] [6 2]二 [3] [4] [5]一

問三　[8 1]下 [2] [5]二 [3] [4]一 [6] [7]上

問四　[1] [9 2]下 [3] [6]二 [4] [5]一 [8]上レ [7]

問五　[4 1]二 [2] [3]一 [5] [7]レ－ [8] [6]

問六　【①】　問七　【③】　問八　【③】　問九　【②】　問十　【③】

レベルアップ問題　解説

問一　【②】

書き下し文は『武帝仏寺を崇飾し、多く僧繇に命じて之を画かしむ。』となります。「命」という字は使役を意味するので、「描かせた」という訳になります。③については『武帝は仏寺によって立派に飾られ』という部分が誤りです。

問二【①】

書き下し文は『二竜の未だ眼を点ぜざる者は、見在《けんざい》す。』となります。「未」が否定を意味する再読文字であることに注意しましょう。②は正しいように見えますが、後半部分について訳されていません。

問一、問二ともに「画竜点睛」という故事成語の元になった文章から引用されています。この話は、春秋戦国時代の梁の国の武帝が寺に書かせた絵のうち、瞳を書いた竜は絵から抜け出して天に昇っていってしまい、僧繇(画家)の言う通り瞳を書かなかった竜は今も寺の絵として残っている、という内容です。

問三【②】

書き下し文は『与へざらんと欲すれば、秦の強きを畏れ、与へんと欲すれば、欺かるるを恐る。』となります。「見」という字は受身を表すので、欺かれる（＝だまされる）という言葉が含まれるものを選びましょう。①については『秦は強さを与えてほしいと要求し』という部分が誤りです。

問四【②】

書き下し文は『従者をして璧を懐《いだ》きて間行して先づ帰らしめ、身は命を秦に待つ。』となります。「遣」という字は使役を表すので、「〜させて」という訳になります。今回の場合は懐く＝持つに使役の意味を追加します。

問三、四は「完璧」という故事成語の元になった文章から引用されています。趙の王が璧(宝玉)を手にしたことを聞いた秦の王が十五の城(町)と交換してほしいと申し入れました。趙の王は悩んだ結果、臣下に宝玉を持たせ秦に向かわせましたが、秦王は城(町)を渡す気配がなかったため臣下は宝玉を取り返し、従者にそれを持たせて先に帰国させました。秦王はこの臣下のことを賢人だとして咎めずに帰国させました、という内容です。

問五【③】

書き下し文は『此れ何遽ぞ福と為らざらんや』となります。「何」という字が疑問・反語を意味することに注意して訳していきましょう。

この文は、予測ができないという意味の「塞翁が馬」という故事成語の元になった文章から引用されています。塞（国境付近の砦）に住んでいる占いに精通した老人の馬が逃げたとき、老人はこれを「幸福だ」と言いました。数か月後、その馬は良い馬を引き連れて戻ってきました。しかし、今度はこれを「不幸になる」と言い、後に老人の息子が馬から落ちて足にケガをしてしまいました。しかし老人はこれを「幸福だ」と言います。1年後、大きな戦争が起きましたが老人の息子はケガをしていたため戦争に参加せず無事でした、という内容です。

3. 漢文読解　基礎編

この単元では、漢文で書かれた文章の読み方について学習していきます。前の単元までで学習した返り点や注意すべき漢字を思い出しながら内容を確認していきましょう。

次の漢文を読んで、問いに答えましょう。

宋《そうニ》有《リ》二狙公《ナル》者一。愛《シ》レ狙《さるヲ》、養《ヒテ》レ之《これヲ》成《ス》レ群《ぐんヲ》。能《よク》解《シ》二狙之《の》意《ヲ》一、狙《モ》亦《また》得《タリ》二公之心《ヲ》一。損《ジテ》二其《そノ》家口《ヲ》一、充《みタセリ》二狙之欲《ヲ》一。俄《にはかニシテ》而匱《とぼシ》焉。将《まさニ》レ限《ラント》二其《ノ》食《ヲ》一。恐《ルル》二衆狙之不《ざランコトヲ》一レ馴《なレ》二於己《ニ》一也《や》、先《まヅ》誑《あざむキテ》レ之《ヲ》曰《いハク》、「与《フルニ》二若《なんぢニ》茅《しょヲ》一、朝《ニハ》三《ニシテ》而暮《レニハ》四《ニセバ》、足《ル》乎《かト》。」衆狙皆起《たチテ》而怒《ル》。俄《ニシテ》而曰《ハク》、「与《フルニ》二若《ニ》茅《ヲ》一、朝《ニハ》四《ニシテ》而暮《レニハ》三《ニセバ》、足《ル》乎《ト》。」Ⓐ衆狙皆伏《シテ》而喜《ブ》。

〈列子『朝三暮四』〉

※宋……春秋戦国時代の中国の国名。
狙公……サルを飼っている人に対するあだ名(「狙」はサル、「公」は年長者に対する敬称)。
損其家口……自分の家族の食べ物を減らして。

匱……不足する。
将限其食……サルたちの食べ物を制限しようとした。
衆……大勢の、多くの。
也……ここでは原因を表す。
詎……だます。
若……おまえたち。
芧……とちの実(どんぐりの一種)。
伏……ひれ伏す。

問一 狙公は食料が乏しくなる前、どのようにしてサルの食料を調達していたか。

① お店で高級な餌を購入していた。

② 家族の食料を減らしてサルの餌に充てていた。

問二 傍線部Aについて、サルたちはなぜ喜んだのか。

① もらえるどんぐりの数が増えたと思ったから。

② 質のよいどんぐりがもらえると思ったから。

ポイント

漢文の問題を解く時は次の手順で考えて行きましょう。

手順1 注釈に目を通す。
手順2 書き下し文を作成しながらおおよその内容を把握する。
手順3 登場人物の言葉や動きを把握する。

書き下し文を作成する

まずは書き下し文を作成してみましょう。

宋《そう》ニ有リ二狙公ナル者一。 ▼宋に狙公なる者有り。

愛シレ狙《さる》ヲ、養ヒテレ之《これ》ヲ成スレ群《ぐん》ヲ。 ▼狙を愛し、之を養ひて群を成す。

能《よ》ク解シ二狙之《の》意一ヲ、狙モ亦《また》得タリ二公之心一ヲ。 ▼能く狙の意を解し、狙も亦公の心を得たり。

損ジテ二其《そ》ノ家口一ヲ、充《み》タセリ二狙之欲一ヲ。 ▼其の家口を損じて、狙の欲を充たせり。

俄《にわか》ニシテ而匱《とぼ》シ焉。 ▼俄にして匱し。

将《まさ》ニレ限ラント二其ノ食一ヲ。 ▼将に其の食を限らんとす。

恐ルル二衆狙之不《ざ》ランコトヲ一レ馴《な》レ二於己一ニ也《や》、先《ま》ヅ誑《あざむ》キテレ之ヲ曰《い》ハク、 ▼衆狙の己に馴れざらんことを恐るるや、先づ之を誑きて曰はく、

「与フルニ二若《なんぢ》ニ茅《しょ》ヲ一、朝ニハ三ニシテ而暮レニハ四ニセバ、足ル乎《か》ト。」 ▼若に茅を与ふるに、朝には三にして暮れには四にせば、足るかと。

衆狙皆起《た》チテ而怒ル。 ▼衆狙皆起ちて怒る。

俄ニシテ而曰ハク、 ▼俄にして曰はく、

「与フルニ二若ニ茅一ヲ、朝ニハ四ニシテ而暮レニハ三ニセバ、足ル乎ト。」 ▼若に茅を与ふるに、朝には四にして暮れには三にせば、足るかと。

衆狙皆伏シテ而喜ブ。 ▼衆狙皆伏して喜ぶ。

書き下し文と注釈を合わせて読んでいくと、おおよその意味はとれるのではないでしょうか。

問一の解き方

まずは**手順1**にしたがって、注釈部分を見てみましょう。「匱……不足する」という部分に注目し、周辺を確認してみましょう。「損《ジテ》二其《そノ》家口《ヲ》一、充《タセリ》二狙之欲《ヲ》一。俄《ニシテ》而匱《シ》焉」とあります。

次に、**手順2**にしたがってこの部分の書き下し文を確認してみましょう。「其の家口を損じて、狙の欲を充たせり。俄にして匱し。」となります。注釈部分に「損其家口……自分の家族の食べ物を減らして」とあります。

ここから、**手順3**を使って登場人物の動きを整理していくと、「(狙公は) 自分の家族の食料を減らして、猿の食欲を満たしていた。(しかし) 急に食料が乏しくなってしまった。」ということがわかります。

問二の解き方

傍線部Ⓐを書き下し文にすると『衆狙皆伏して喜ぶ。』となります。

傍線部Ⓐの周辺を見てみましょう。すぐ上に「与《フルニ》二若《ニ》茅《ヲ》一、朝《ニハ》四《ニシテ》而暮《レニハ》三《ニセバ》、足《ル》乎《ト》。」とあります。**手順2**の通り、ここを書き下し文にすると「若に茅を与ふるに、朝には四にして暮には三にせん、足るかと。」となります。

茅というあまり聞き馴染みのない言葉が出てきたので、**手順1**を使って注釈部分を見てみましょう。「茅……とちの実(どんぐりの一種)」とあります。茅について書かれている部分を他にも探してみましょう。「『与《フルニ》二若《ニ》茅《ヲ》一、朝《ニハ》三《ニシテ》而暮《レニハ》四《ニセバ》、足《ル》乎《かト》。』衆狙皆起《たチテ》而怒《ル》。」という部分に茅について書かれています。ここを**手順2**にしたがって書き下し文にすると「『若に茅を与ふるに、朝には三にして暮れには四にせば、足るかと。』衆狙皆起ちて怒る。」となります。

ここから**手順3**を使って登場人物の動きを整理していくと、「エサの茅を朝三つ、夜四つにすると言ったところ猿たちは怒り、朝四つ、夜三つにすると言ったところ喜んだ」ということがわかります。一日に貰える総数は変わっていないのに、先に与えられた「朝四つ」という情報だけが耳に入っていたのでしょうね。

【補足】故事成語

故事成語とは中国の古典や口承によって伝えられてきた内容をもとにしてできた言葉のことを言います。現代の日本でも多くの故事成語が日常的に使用されています。代表的なものを知っておきましょう。

推敲《すいこう》	文章をより良くするため何度も作り直し苦心すること
蛇足《だそく》	付け加える必要のないもの
圧巻《あっかん》	最も優れていること
杜撰《ずさん》	物事に誤りが多く、いい加減なこと
杞憂《きゆう》	しなくてもよい心配をすること
完璧《かんぺき》	全く欠点がなく優れていること
助長《じょちょう》	物事がより良くなるよう手助けをすること
白眉《はくび》	優れたものの中でも最も優れているもの
矛盾《むじゅん》	二つの事象のつじつまがあわないこと
登竜門《とうりゅうもん》	立身出世につながる関門のこと
紅一点《こういってん》	多くの男性の中に一人だけ女性がいる様子
玉石混合《ぎょくせきこんごう》	良いものと劣っているものが混ざっていること

羊頭狗肉《ようとうくにく》	見た目と内容が一致していないこと
竜頭蛇尾《りゅうとうだび》	はじめは勢いが良いがだんだん衰えていくこと
朝三暮四《ちょうさんぼし》	目先の利益にとらわれ同じ結果になっていることに気づかないこと。言葉巧みに人をだますこと。
烏合《うごう》の衆《しゅう》	法則や統制がなくただ集まっている集団
温故知新《おんこちしん》	昔のことから新しい知識を導き出すこと
臥薪嘗胆《がしんしょうたん》	将来の成功のために苦労に耐えること
捲土重来《けんどじゅうらい》	一度失敗した者が再び勢力を巻き返すこと
五里霧中《ごりむちゅう》	方針や見込みが立たず、困っていること
四面楚歌《しめんそか》	周りが敵だらけで助けがないこと

呉越同舟《ごえつどうしゅう》	仲の悪い者が一緒に行動をすること
大器晩成《たいきばんせい》	偉大な人物ほど時間をかけて実力をやしない、遅れて頭角を現すということ
画竜点睛《がりょうてんせい》	物事を仕上げる際に最後に行う大事なこと
五十歩百歩《ごじゅっぽひゃっぽ》	似たり寄ったりであること
出藍《しゅつらん》の誉《ほま》れ	師匠よりも弟子の方がすぐれていること
背水《はいすい》の陣《じん》	後に引けない様子、またその覚悟で物事を行うこと
他山《たざん》の石《いし》	自分を磨くために他人の言動が助けになること
漁夫《ぎょふ》の利《り》	互いに争っている間に別の人物が利益を横取りすること
蛍雪《けいせつ》の功《こう》	苦労しながら勉強すること、またその成果
三顧《さんこ》の礼《れい》	目上の人物が格下の者に何度もお願いすること、また手厚く迎えること
竹馬《ちくば》の友《とも》	幼いころからの友人

塞翁《さいおう》が馬《うま》	人生の幸せ、不幸は予想ができないということ
断腸《だんちょう》の思《おも》い	はらわた（腸）がちぎれるほどつらく悲しい気持ち
破竹《はちく》の勢《いきお》い	勢いが盛んで止められないこと
食指《しょくし》が動《うご》く	何かをしたい、手に入れたいと欲望や興味がでること
怒髪天《どはつてん》を衝《つ》く	髪の毛が逆立つほど猛烈に怒っている様子
覆水《ふくすい》盆《ぼん》に返《かえ》らず	一度起きたことは元に戻らないこと
李下《りか》に冠《かんむり》を正《ただ》さず	疑われるようなことをしてはいけないということ
災《わざわ》い転《てん》じて福《ふく》となす	災難を見方を変えることで役立たせること
虎穴《こけつ》に入《い》らずんば虎子《こじ》を得《え》ず	危険を冒さなければ成功を手にすることはできないということ

Step

基礎問題

（　　）問中（　　）問正解

■ 次の文章を読んで、問一～問十に答えなさい。

宋《そう》ニ有リ二狙公ナル者一。愛シレ狙《さる》ヲ、養ヒテレ之《これ》ヲ成スレ群《ぐん》ヲ。Ⓐ能《よ》ク解シ二狙之《の》意ヲ一、狙モ亦《また》得タリ二公之心ヲ一。Ⓑ損ジテ二其《そ》ノ家口ヲ一、充《み》タセリ二狙之欲ヲ一。Ⓒ俄《にはか》ニシテ而匱《とぼ》シ焉。Ⓓ将《まさ》ニレ限ラント二其ノ食ヲ一。Ⓔ恐ルル二衆狙之不《ざ》ランコトヲ一レ馴《な》レ二於己ニ一也《や》、Ⓕ先《ま》ヅ誑《あざむ》キテレ之ヲ曰《い》ハク、「与フルニ二若《なんぢ》ニ芧《しょ》ヲ一、朝ニハ三ニシテ而暮レニハ四ニセバ、足ル乎《か》ト。」Ⓖ衆狙皆起《た》チテ而怒ル。俄ニシテ而曰ハク、「与フルニ二若ニ芧ヲ一、朝ニハ四ニシテ而暮レニハ三ニセバ、足ル乎。ト」Ⓗ衆狙皆伏シテ而喜ブ。

〈列子『朝三暮四』〉

問一　傍線部Ⓐ「能《よ》ク解シ二狙之《の》意ヲ一、狙モ亦《また》得タリ二公之心ヲ一。」の現代語訳として最も適切なものを次の①～③のうちから一つ選びなさい。

① 狙公は猿の気持ちを理解することができ、それによって彼の心をつかんでいた。
② 猿は狙公の気持ちを理解することができ、それによって彼の心をつかんでいた。
③ 狙公は猿の気持ちを理解することができ、猿もまた彼の心をつかんでいた。

問二　傍線部Ⓑ「損ジテ二其《そ》ノ家口ヲ一、充《み》タセリ二狙之欲ヲ一。」の書き下し文として最も適切なものを次の①～③のうちから一つ選びなさい。

① 其の家口を損じて狙の欲を充たせり。
② 其ノ家口ヲ損シテ狙ノ欲ヲ充タセリ。
③ その家口を損じて狙の欲を充たせり。

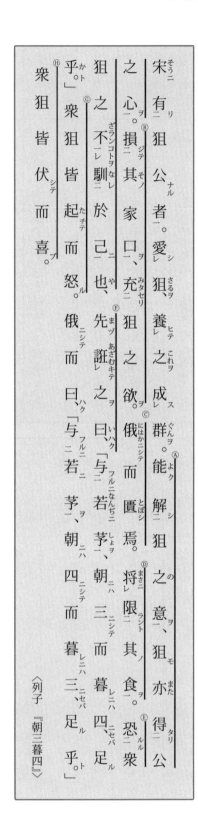

問三 傍線部Ⓒ「俄《ニシテ》而匱《シ》焉。」の書き下し文として最も適切なものを次の①～③のうちから一つ選びなさい。

① 俄にして匱し。
② にわかにしてとほし。
③ 俄にして而匱し焉。

問四 傍線部Ⓒ「俄《ニシテ》而匱《シ》焉。」という出来事の前はどのようにしてサルの食料を調達していたか、最も適切なものを次の①～③のうちから一つ選びなさい。

① お店で高級な餌を購入していた。
② 家族の食料を減らしてサルの餌に充てていた。
③ 猿を山に放して自分で食料を調達させていた。

問五 傍線部Ⓓ「将《ニ》レ限《ラント》二其《ノ》食《ヲ》一。」の書き下し文として最も適切なものを次の①～③のうちから一つ選びなさい。

① 将に其の食を限らんと。
② 将にその食を限らんと。
③ 将に其の食を限らんとす。

問六 傍線部Ⓔ「恐《ルル》二衆狙之不《ざランコトヲ》一レ馴《なレ》二於己《ニ》一也《や》」の書き下し文として最も適切なものを次の①～③のうちから一つ選びなさい。

① 衆狙の己に馴れ不らんことを恐るる也
② 衆狙の己に馴れざらんことを恐るるや
③ 衆狙の己になれざらんことを恐るるや

問七　傍線部Ⓕ「先《まヅ》 誑《あざむキテ》レ 之《ヲ》 曰《いハク》」の現代語訳として最も適切なものを次の①～③のうちから一つ選びなさい。

① 初めにこれ（猿）をだまして言うことには
② 初めにこれ（狙公）をだまして言うことには
③ 先生がこれを欺いて言うことには

問八　傍線部Ⓖ「衆 狙 皆起《たチテ》 而 怒《ル》」についてサルたちはなぜ怒ったのか、最も適切なものを次の①～③のうちから一つ選びなさい。

① どんぐりを朝に三つ夕方に四つ与えると言われたから。
② どんぐりを朝に四つ夕方に三つ与えると言われたから。
③ 家族の食料を減らしてでも猿にどんぐりを与えると言われたから。

問九　傍線部Ⓗ「衆 狙 皆 伏《シテ》 而 喜《ブ》」についてサルたちはなぜ喜んだのか、最も適切なものを次の①～③のうちから一つ選びなさい。

① もらえるどんぐりの数が増えたと思ったから。
② 質のよいどんぐりがもらえると思ったから。
③ 芸をしたらどんぐりがもらえるから。

問十　この文章のおおよその内容として最も適切なものを次の①～③のうちから一つ選びなさい。

① 動物を大事にすると、そのうち芸を覚えて人の生活を助けくれることかあるというエピソードが書かれている。
② 猿に騙された人間の様子について書かれており、種族の違うものは友人にはなれないという教えが書かれている。
③ 目先の利益に飛びついて全体を把握できないと損をすることもあるという教えが書かれている。

Jump

レベルアップ問題

■ 次の文章を読んで、問一～問五に答えなさい。

（　　）問中（　　）問正解

梁《りやう》ノ恵《けい》王《わう》曰《い》ハク、「察スルニ二鄰《りん》国《ごく》之《の》政ヲ一、無シ下如《ごと》キ二寡人之用ヰルガ一レ心ヲ者上。鄰国之民不《ず》レ加ヘレ少キヲ、寡人之民不《ざ》ルハレ加ヘレ多キヲ何ゾ也《や》ト。」孟《まう》子《し》対《こた》ヘテ曰ハク、「王好ムレ戦ヒヲ。請フ以《も》ッテレ戦ヒヲ喩《たと》ヘン。塡然トシテ鼓シレ之《これ》ニ、兵《へい》刃《じん》既ニ接スルニ、棄《す》テレ甲《かふ》ヲ曳《ひ》キテレ兵ヲ而走ル。或《ある》イハ百歩ニシテ而後止《とど》マル。或ルイハ五十歩ニシテ而後止マル。以ツテ二五十歩ヲ一笑ハバ二百歩ヲ一、則《すなは》チ何《いか》如《ん》ト。」曰ハク、「不ルレ可《よ》カラ。直《た》ダ不ル二百歩ナラ一耳《のみ》。是《これ》モ亦《また》走ル也《なり》ト。」曰ハク、「王如《も》シ知ラバレ此《これ》ヲ、則チ無カレトレ望ム三民之多キヲ二於鄰国ヨリ一也。」

〈梁恵王上「五十歩百歩」〉

※梁恵王……中国の戦国時代、魏の国王。魏の首都は梁。
鄰……「隣」と同じ。
寡人……諸侯が使用した謙遜をする時の自称。
請……どうぞ～させてください。
塡然……太鼓を打ち鳴らす様子。
兵……武器全般。
刃……やいばのついた武器。

問一　恵王は孟子に何を尋ねたか、最も適切なものを次の①～③のうちから一つ選びなさい。

①　隣国はどのような政治をして人口を増やしたのか。
②　自分は民のためを思った政治をしているのになぜ人口が増えないのか。
③　戦いの最中に逃げ出した者に対してどのような刑罰を与えるべきか。

問二　傍線部「或《あるイハ》百歩《ニシテ》而後止《とどマル》。或《ルイハ》五十歩《ニシテ》而後止《マル》。以《ツテ》二五十歩一《ヲ》笑《ハバ》二百歩一《ヲ》則《すなはチ》何如《いかんト》。」の書き下し文として最も適切なものを次の①～③のうちから一つ選びなさい。

①　或いは百歩にして後止まる。或いは五十歩にして後止まる。五十歩を以て百歩を笑はば即ち何如と。
②　或いは百歩にして而後止まる。或いは五十歩にして而後止まる。五十歩を以て百歩を笑はば即ち何如と。
③　或いは百歩にして後とどまる。或いは五十歩にして後とどまる。五十歩を以て百歩を笑はばすなはちいかんと。

問三　傍線部「或《あるイハ》百歩《ニシテ》而後止《とどマル》。或《ルイハ》五十歩《ニシテ》而後止《マル》。以《ツテ》二五十歩一《ヲ》笑《ハバ》二百歩一《ヲ》則《すなはチ》何如《いかんト》。」の現代語訳として最も適切なものを次の①～③のうちから一つ選びなさい。

①　ある者は百歩逃げてからその場に止まり、ある者は五十歩逃げてからそこに止まりました。五十歩逃げた者が、百歩逃げたものを笑ったとしたら、これはどうでしょうか
②　もしくは百歩逃げてからその場に止まるか、五十歩逃げてからそこに止まるかです。五十歩逃げた者が、百歩逃げたものを笑ったとしたら、これはどうでしょうか。
③　ある者は百歩逃げてからその場に止まり、ある者は五十歩逃げてからそこに止まりました。百歩逃げた者が、五十歩逃げたものを笑ったとしたら、これはどうでしょうか。

問四　恵王は百歩走る者と五十歩走る者について、何が同じだと言っているか、最も適切なものを次の①～③のうちから一つ選びなさい。

①　戦いが好きだということ
②　逃げたということに変わりはない
③　人口が増えているということ

問五　恵王は百歩走る者と五十歩走る者について、何が異なると言っているか、最も適切なものを次の①～③のうちから一つ選びなさい。

①　走った歩数
②　戦おうという意志
③　逃げようという意志

【書き下し文】

宋に狙公なる者有り。狙を愛し、之を養ひて群を成す。能く狙の意を解し、狙も亦公の心を得たり。其の家口を損して狙の欲を充たせり。俄にして匱し。将に其の食を限らんとす。衆狙の己に馴れざらんことを恐るるや、先ず之を誑きて曰はく、「若に芧を与ふるに、朝には三にして暮れには四にせば、足るか。」と。衆狙皆起ちて怒る。俄かにして曰はく、「若に芧を与ふるに、朝には四にして暮れには三にせば、足るか。」と。衆狙皆伏して喜ぶ。

【現代語訳】

宋に狙公という者がいた。（狙公は）猿の気持ちを理解することができ、猿もまた彼の心をつかんでいた。（狙公は）自分の家族の食料を減らして、猿の食欲を満たしていた。（しかし）すぐに食料が乏しくなってしまった。そこで猿のエサを減らそうとした。（それによって）猿たちが自分になつかなくなるのではと心配したのか、初めにこれ（＝猿）をだまして言うことには、「おまえたちにどんぐりを与えるのを、朝に３つ夕方に４つにしようと思う、足りるか。」と。猿は皆立ちあがって怒った。「お前たちにどんぐりを与えるのを、朝に４つ夕方に３つにしようと思うが、足りるか。」と（言った）。猿たちは皆ひれ伏して喜んだ。

問一【③】

書き下し文は『能く狙の意を解し、狙も亦公の心を得たり。』、現代語訳は『（狙公は）猿の気持ちを理解することができ、猿もまた彼の心をつかんでいた。』となります。①の現代語訳では、「彼」が誰を指しているのか不明瞭です。②の現代語訳では狙公と猿の立場が逆になってしまっています。

問二【①】

書き下し文は「其の家口を損して狙の欲を充たせり。」となります。②は送り仮名がひらがなになおされていないため、③は「其」をひらがなにしてしまっているため誤りです。

問三【①】

書き下し文は「俄にして匱し。」となります。②は全ての漢字をひらがなにしてしまっているため、③は置き字の「而」「焉」をそのままにしてしまっているので誤りです。

問四【②】

書き下し文は問三の通り「俄にして匱し。」です。「匱」という字には乏しいという意味がありますので、現代語訳は『すぐに食料が乏しくなってしまった。』となります。この出来事より前にどのように猿の食料を調達していたかについては、「損《シテ》二其《ソノ》家口《ヲ》一、充《みタセリ》二狙之欲《ヲ》。」という部分から読み取ることができます。この部分の書き下し文については問二の解説を参照してください。現代語訳は『自分の家族の食料を減らして、猿の食欲を満たしていた。』となります。①③については本文に書かれていません。

問五【③】

書き下し文は「将に其の食を限らんとす。」となります。①は再読文字である「将」について正しい書き下しができていません。②は①と同じく「将」が正しく扱えていないことに加えて「其」をひらがなにしてしまっているため誤りです。

問六【②】

書き下し文は「衆狙の己に馴れざらんことを恐るるや、」となります。①は「不」が漢字のままになってしまっています。③は「馴」をひらがなにしてしまっているため誤りです。

問七　【①】

　書き下し文は「先ず之を誑きて曰はく」、現代語訳は「初めにこれ（猿）をだまして言うことには、」となります。この先に続く「与《フルニ》二 若《なんぢニ》 茅《しよヲ》一、朝《ニハ》 三《ニシテ》 而 暮《レニハ》 四《ニセバ》、足《ル》 乎《かト》。（おまえたちにどんぐりを与えるのを、朝に三つ夕方に四つにしようと思う、足りるか。）」という部分を読むと、狙公が猿に対して餌の話をしていることが分かりますので、正解は①となります。②の現代語訳では、狙公が猿から餌を与えられることになってしまいます。③の訳では「先生」という言葉が入っているのが誤りです。

問八　【①】

　この部分の書き下し文は「衆狙皆起ちて怒る」、現代語訳は「猿は皆立ちあがって怒ったとなります。この理由は直前の「与《フルニ》二 若《なんぢニ》 茅《しよヲ》一、朝《ニハ》 三《ニシテ》 而 暮《レニハ》 四《ニセバ》、足《ル》 乎《か》」という部分にあります。この書き下し文は「若に茅を与ふるに、朝には三にして暮れには四にせば、足るか」、現代語訳は「おまえたちにどんぐりを与えるのを、朝に三つ夕方に四つにしようと思う、足りるか」となります。

問九　【①】

　この部分の書き下し文は「衆狙皆伏して喜ぶ」、現代語訳は「猿たちは皆ひれ伏して喜んだ」となります。この理由は直前の「与《フルニ》二 若《ニ》 茅《ヲ》一、朝《ニハ》 四《ニシテ》 而 暮《レニハ》 三《ニセバ》、足《ル》 乎《ト》。」という部分にあります。この書き下し文は「若に茅を与ふるに、朝には四にして暮には三にせば、足るか」、現代語訳は「お前たちにどんぐりを与えるのを、朝に四つ夕方に三つにしようと思うが、足りるか」となります。今ここで話題になっているのは餌のどんぐりの個数についてですので、正解は①です。②、③については本文中に書かれていません。

問十　【③】

　問八、問九の解説と合わせて考えてみましょう。「餌のどんぐりを朝に三つ、夜に四つ」という提案に対して猿たちは怒り、「朝に四つ、夜に三つ」という提案に対しては喜んでいます。後者の提案に対して喜んだということは、後者の提案の方が餌が多いと感じたと推察できます。しかし、実際には一日当たりのどんぐりの総数は変わっていません。「朝に四つ」という部分しか耳に入っていなかったのかもしれませんね。したがって正解は③となります。①、②については本文中には書かれていません。

レベルアップ問題　解説

【書き下し文】

梁の恵王曰はく、「鄰国の政を察するに、寡人の心を用ゐるが如き者無し。鄰国の民少きを加へず、寡人の民多きを加へざるは何ぞや」と。孟子対へて曰く、「王戦ひを好む。謂ふ戦ひを以て喩へん。塡然として之に鼓し、兵刃既に接するに甲を棄て兵を曳きて走る。或いは百歩にして後止まる。或るいは五十歩にして後止まる。五十歩を以つて百歩を笑はば則ち何如か」と。曰はく、「可かざる。直だ百歩ならざるのみ。是も亦走るなりと。曰はく、「王如し此を知らば則ち民の鄰国より多きを望む無かれ」と。

※「王如《もシ》知《ラバ》レ此《これヲ》則《チ》無《カレト》レ望《ム》三民之多《キヲ》二於鄰国《ヨリ》一也。」の也は断定の意味を表す置き字なので、書き下し文には表記しません。

【現代語訳】

梁の恵王が言った、「隣国の政治を観察してみても、私めのように民衆を気遣っている者はいない。（それなのに）隣国の人口は減らず、私の国の人口が増えないのはなぜか」と。孟子はこう答えた、「王は戦いがお好きです。どうか戦いでたとえさせてください。（戦いの場で）太鼓が打ち鳴らされ、既に武器がぶつかりあっているのに、鎧を捨て、武器を引きずって逃げたものがいました。ある者は百歩逃げてからその場に止まり、ある者は五十歩逃げてからそこに止まりました。五十歩逃げた者が、百歩逃げたものを笑ったとしたら、これはどうでしょうか。」（梁の恵王が）言った、「よくない。ただ百歩でないだけだ。この者もまた逃げたことに変わりはない。」(孟子は)答えた、「王がもしこのことが分かるのなら、人口が隣国より多くなることを望んではなりません。」
※この文では、孟子は普段から根本的に民のことを思った政治をするべきで、表面的なことばかりしていたのでは何もしていないように見える隣の国の王様とさして変わらない、ということを伝えるために逃げた兵士のたとえ話をしました。

問一【②】

「察《スルニ》二鄰国之政《ヲ》一、無《シ》下如《キ》二寡人之用《ヰルガ》一レ心《ヲ》者上。鄰国之民不《ず》レ加《ヘ》レ少《キヲ》、寡人之民不《ざルハ》レ加《ヘ》レ多《キヲ》何《ゾ》也《ト》。」という部分が恵王が孟子に尋ねた内容になります。この部分を現代語訳すると「隣国の政治を観察してみても、私めのように民衆を気遣っている者はいない。(それなのに)隣国の人口は減らず、私の国の人口が増えないのはなぜかとなります。①も答えに近いように感じますが、隣国の人口が増えたとは書かれていないので誤りです。

問二【①】

書き下し文は『或いは百歩にして後止まる。或いは五十歩にして後止まる。五十歩を以て百歩を笑はば即ち何如と。』となります。②は置き字である『而』が書き下し文にそのまま残ってしまっているので誤りです。③は「止まる」がひらがなになってしまっている点が誤りです

問三【①】

傍線部の書き下し文は『或いは百歩にして後止まる。或いは五十歩にして後止まる。五十歩を以て百歩を笑はば則ち何如と』、現代語訳は『ある者は百歩逃げてからその場に止まり、ある者は五十歩逃げてからそこに止まりました。五十歩逃げた者が、百歩逃げたものを笑ったとしたら、これはどうでしょうか。』となります。②は「或《イハ》」の部分の訳が異なります。③は「百歩逃げた者が、五十歩逃げたものを笑ったとしたら、」という部分が誤りです。

問四　【②】

「不ルレ可《よ》カラ。直《た》ダ不ル二百歩一ナラ耳《のみ》。是《これ》ゾ亦《また》走ル也《なり》ト。」という部分から読み取ることができます。ここを現代語訳すると「よくない。ただ百歩でないだけだ。この者もまた逃げたことに変わりはない。」となります。

問五　【①】

問三・問四と同じ部分から読み取ることができます。この漢文は多少の違いはあってもたいして変わらないという意味をもつ「五十歩百歩」という故事成語のもとになったものです。

4. 漢文読解　応用編

この単元では、実際に高卒認定試験で出題されたものを用いて解き方を解説していきます。高卒認定試験では、古文と漢文を織り交ぜて出題されることもありますのでそれぞれを読み解き、共通点や相違点をさがしていきましょう。

次の古文・漢文を読んで、問いに答えましょう。

I

〔若侍が、狐が取り憑いた巫女から狐が大切に所持する白い宝玉を取り上げたところ、狐は、宝玉を返してくれれば若侍を末長く守ると約束した。そこで、若侍が宝玉を返すと、狐は喜んで受け取り、取り憑いていた巫女から離れ去った。〕

その後、この玉取りの男、太秦《うづまさ》に参りて帰りけるに、暗くなる程に御堂を出でて帰りければ、夜に入りてぞ内野を通りけるに、応天門の程を過ぎむとするに、いみじく物怖ろしく思えければ、「何なるにか」と怪しく思ふ程に、「実《まこと》や、『我を守らむ』と云ひし狐ありきかし」と思ひ出でて、暗きに只独り立ちて、「狐々」と呼びければ、こうこうと鳴き出で来にけり。見れば、現にあり。

「さればこそ」と思ひて、男狐に向かひて、「和狐、実に虚言《そらごと》せざりけり。いと哀れなり。ここを通らむと思ふに、極めて物怖ろしきを、我送れ」と云ひければ、狐聞き知り顔にて見返る見返る行きければ、男その後《しりへ》に立ちて行くに、例の道にはあらで異道《ことみち》を経て行き行きて、狐立ち留まりて、背中を曲《かか》めて抜き足に歩みて見返る所あり。そのままに男も抜き足に歩みて行けば、人の気色《けしき》あり。やはら見れば、弓《きう》箭《ぜん》兵杖《ひやうぢやう》を帯したる者ども数《あまた》立ちて、事の定めをするを、垣超しにやはら聞けば、早う盗人の入らむずる所の事定むるなりけり。「この盗人どもは道理の道に立てるなりけり。されば その道をば経ではざまよりゐて通るなりけり。狐それを知りてその盗人の立てる道をば経たる」と知りぬ。その道出で果てにければ、狐は失せにけり。男は平らかに家に帰りにけり。狐これにあらず、かやうにしつつ常にこの男に副《そ》ひて、多く助かる事どもぞありける。実に、「守らむ」と云ひけるに違《たが》ふ事なければ、男返す返すあはれになむ思ひける。かの玉を惜しみて与へざらましかば、男吉《よ》き事なからまし。しかれば、「賢く渡してけり」とぞ思ひける。

〈『今昔物語集』による〉

Ⅱ

王度《おうたく》は、師として仕えていた人物の死に際し、持っていれば、多くの妖怪は遠ざかるという古鏡を手に入れ、それを宝とした。ある時、王度が旅の途中に宿泊した程雄の家に、非常に礼儀正しく美しい、鸚鵡《あうむ》という使用人の女がいた。鸚鵡が王度の古鏡を見て逃げようとしたので、王度が問い詰めると、自分は千年生きる古狸《こり》で、これまで人の姿に化け、さまざまな人に仕えてきたと白状した。

度《ハ》又謂《いヒテ》曰《いハク》、汝《なんぢハ》本老狸《ニシテ》、変《ジテ》レ形《ヲ》為《なル》レ人《ト》。豈《あニ》不《ざラン》レ害《セ》レ人《ヲ》也《やト》。」婢《ひ》曰《ハク》、「変《ジテ》レ形《ヲ》事《つかフ》レ人《ニ》、非《あらザル》レ有《ルニ》レ害《スルコトなり》也。但《ただ》逃匿幻惑《ハ》、神道《ノ》所《ナレバ》レ悪《にくム》、自《おのづかラ》当《まさニ…ベキ》レ至《あたル》レ死《ニ》耳《のみト》。」度又謂《ヒテ》曰《ハク》、「欲《ス》レ捨《ゆるサント》レ汝《ヲ》、可《ナランか》乎《ト》。」鸚鵡曰《ハク》、「辱《かたじケナクス》二公《ノ》厚賜《ヲ》一。豈《あニ》敢《あヘテ》忘《レンヤ》レ徳《ヲ》。然《しかレドモ》天鏡一《タビ》照《ラサバ》、不《ず》レ可《ベカラ》レ逃《ル》レ形《ヲ》。但久《シク》為《セバ》二人形《ヲ》一、羞《ヅ》レ復《スルコトヲ》二故《もとノ》体《ニ》一。願《ハクハ》緘《とヂ》二於匣《はこヲ》一、許《セト》二尽《クシテ》レ酔《ゑヒヲ》而終《ハランコトヲ》一。」度又謂《ヒテ》曰《ハク》、「緘《ヂナバ》二鏡《ヲ》於匣《ニ》一、汝不《ラン》レ逃レ乎《やト》。」鸚鵡笑《ヒテ》曰《ハク》、「公《ニハ》適《たまたま》有《リテ》二美言一。尚《なホ》許《セリ》二相捨《サンコトヲ》一。緘《ヂテ》レ鏡《ヲ》而走《にゲシモ》、豈《ニ》不《ランヤ》レ

終《へ》レ恩《ヲ》。但天鏡一《タビ》臨《マバ》、竄《かくスニ》レ跡《ヲ》無《シ》レ路《みち》。惟《ただ》希《こひねがヒ》二数刻之《の》命《ヲ》一、以《もつテ》尽《クサン》二一生之歓《ヲ》一耳《ト》。」度《ハ》登時《ただちニ》為《ためニ》匣《ニシ》レ鏡《ヲ》、又為《ニ》二致《シ》レ酒《ヲ》、悉《ことごとク》召《シ》二雄《ノ》家《ノ》隣里《ヲ》一、与《ともニ》宴《えん》謔《ぎやくス》。婢《ハ》頃《しばらニクシテ》大《おほイニ》酔《ヒ》奮《ツテ》レ衣《ヲ》起《たチテ》舞《ヒテ》而歌《ヒテ》曰《ハク》、

「宝鏡宝鏡　哀《かなシイ》哉《かな》予《わが》命

自《より》二我《ガ》離《レシ》一レ形《ヲ》　于《い》今《まニ》幾姓《ゾ》

生《ハ》雖《いへどモ》レ可《シト》レ楽《シム》　死《モ》必《ズ》不《レ》傷《うれへ》

何《なん》為《すレゾ》眷《けん》恋《れんシテ》　守《ラント》二此《ノ》一方《ヲ》一」

歌訖《をハリテ》再拝《シ》、化《シテ》為《リテ》二老狸《ト》一而死《ス》。一座驚歎《きやうたんセリ》。

（『古鏡記』による）

※太秦……今の京都市にある広隆寺をさす。
内野……大内裏の中。
応天門……大内裏の中の南側にある門。
和狐……「和」は相手に対する親愛の気持ちを表す。
弓箭兵杖……弓矢と刀剣などの武器。
早う……なんと。じつは。
道理の道……通常通る道。表通り。
婢……女性の使用人。ここでは鸚鵡のこと。
逃匿幻惑……逃げ隠れしたり、人目をくらまし惑わしたりすること。
神道……ここでは「神」の意味。

于今……「于」は置き字。
幾姓……いくつもの王朝。
眷恋……恋い慕う。

【会話文】

春田さん「まずは両方の文を読んで、気づいた点を挙げてみようよ」
夏川さん「Ⅰの古文は狐が恩返しをした話で、Ⅱの漢文は古鏡を使って古狸を退治した話だから共通点はないんじゃないかな」
秋山さん「なるほど。じゃあ、Ⅰの古文とⅡの漢文の内容は全然違うということか」
冬野さん「でも、[X]を『美言』と言っている点で、Ⅰの古文との共通点はあるように思うよ。」
春田さん「確かに内容は少し違うけれど、狐や古狸であっても人から受けた恩に感謝し、人を裏切らない誠実な行動をする様子が書かれているという点は両方の文章に共通していると読み取れるね。」

〈令和二年第一回高卒認定試験　改題〉

問　[X]に当てはまるものとしてもっとも適当なものを選びなさい

①　王度が鸚鵡の命を助けてやると言ったこと
②　王度が鸚鵡の容姿をとても美しいと言ったこと

Ⅰの文については2章の4単元目で解説しています。今回はⅡの文についてのみ詳しくみていきましょう。

ポイント

ポイント、手順共に古文と同じです。全文をしっかり訳せなくても解くことができます。おおよそのあらすじを把握できるようになりましょう。

手順1 前置き、設問、注釈など現代語で書かれている部分に目を通す。
手順2 全体をざっくりと読み、意味の取れる文をつなぐことであらすじをつかむ。
手順3 最後に教訓やまとめが書かれていることが多いので、重点的に読む。
手順4 会話文や資料など、現代語で書かれている部分を中心に読みなおす。

登場人物の確認

手順1を使ってみましょう。登場人物については前置きの部分から把握することができます。

王度 師として仕えていた人物の死に際し、持っていれば、多くの妖怪は遠ざかるという古鏡を手に入れた。
鸚鵡 王度が宿泊した家の使用人。王度の古鏡を見て逃げようとしたことで王度に問い詰められ、千年生きる古狸であることを告白した。

キーワードに対する登場人物の反応

キーワードは**手順1**を使って推察していきます。前置きの「持っていれば、多くの妖怪は遠ざかるという古鏡を手に入れ、それを宝とした。」という部分、会話文の「Ⅱの漢文は古鏡を使って古狸を退治した話」という部分です。会話文を読むと、「狐や古狸であっても人から受けた恩に感謝し、人を裏切らない誠実な行動をする様子が書かれている」とあるので、「退治」という言葉を使うのには少し違和感がありますね。

ここでは。キーワードを「古鏡」「古狸」の二つとして、関係を整理していきましょう。**手順2**の通り、一言一句訳そうとしなくて構いません。

問の解き方

先に**手順1**、**手順2**を行い、登場人物やおおよそのあらすじについて把握できました。最後に、**手順3**に従って最後の部分を重点的に読んでいきましょう。

歌訖《をハリテ》再拝《シ》、化《シテ》為《リテ》㆓老狸《ト》㆒而死《ス》。一座驚《きやう》歎《たんセリ》。

▼歌訖はりて《終わって》再拝し《もう一度おじきをすると》、化して《変身がとけて》老狸と為りて《なって》死す《死んだ》。一座驚歎せり《その場にいた者は驚き叫んだ》。

※「化して」は「変身して」の意味ですが、この文では狸が本来の姿であることが分かっているので「変身がとけて」と訳すのがわかりやすいでしょう。

現代語訳は

「歌い終わってもう一度お辞儀をすると、変身が解かれ、老狸になって死んだ。その場にいた者たちは驚き叫んだ。」となります。古文や漢文は最後に教訓やまとめが書かれていることが多いのですが、今回は違うようです。

このような時は**手順4**を使ってみましょう。会話文では冬野さんが「**X**を『美言』と言っている点で、Ⅰの古文との共通点はあるように思うよ」とあります。この**X**に当てはまるものを考えてみましょう。美言という言葉は鸚鵡のせりふの中に含まれています。

「公《ニハ》適《たまたま》有《リテ》㆓美言㆒。尚《なホ》許《セリ》㆓相捨《サンコトヲ》㆒。緘《ヂテ》㆑鏡《ヲ》而走《にゲシモ》、豈《ニ》不《ランヤ》㆑終《ヘ》㆑恩《ヲ》。但天鏡一《タビ》臨《マバ》、竄《かくスニ》㆑跡《ヲ》無《シ》㆑路《みち》。惟《ただ》希《こひねがヒ》㆓数刻之《の》命《ヲ》㆒、以《もつテ》尽《クサン》㆓一生之歓《ヲ》㆒耳《ト》。」

▼「公には適《たまたま良く言ってもらい》美言有りて。尚ほ相捨さんことを《お互い逃げることを》許せり。鏡を緘ぢて走げしも《しまって逃げ》、豈《どうしても～だろうか》に恩を終へざらんや。但天鏡一たび臨まば《一度見れば》、跡を竄すに路無し《正体を隠すことはできない》。惟数刻《あと少し》の命を希ひ《大切にし》、以て一生の歓《楽しみ》を尽くさんのみ」と。

※公は王度のことを指します。

※数刻は直訳すると数時間、意訳してあと少し・短い間となります。

「王度にたまたま良く言ってもらい」とあります。具体的に、どのように言ったのでしょうか。前にある王度の台詞を二つ見てみましょう。

「欲《ス》レ捨《ゆるサント》レ汝《ヲ》、可《ナラン》乎《カト》。」

▼「汝を捨さんと欲す《逃がしたい》、可ならんか《可能だろうか》。」と

「緘《ヂナバ》二鏡《ヲ》於匣《ニ》一、汝不《ラン》レ逃《レ》レ乎《やト》。」

▼「鏡を匣に緘ぢなば《しまわなければ》、汝は逃れざらんや《逃げられない》。」と。

一つめの「汝（鸚鵡）を逃がしたい」という王度の言葉が鸚鵡にとっての美言となります。したがって正解は①です。

ⅠとⅡの共通点

高卒認定試験では、このように古文と漢文を並べて比較する問題が出題されることもあります。

Ⅰ、Ⅱの文章に共通する内容は、人から受けた施しに対して感謝し、誠実に行動することです。Ⅰの文章では、玉を返してもらったことに感謝し、誓った通りに若侍を守っています。Ⅱの文章では、助けたいという王度の言葉に感謝しながらも、狸が人間に変身して過ごす生き方をしてきたことを死という形で償っており、それぞれが誠実に行動しています。

このことは、最後の会話文「確かに内容は少し違うけれど、狐や古狸であっても人から受けた恩に感謝し、人を裏切らない誠実な行動をする様子が書かれているという点は両方の文章に共通していると読み取れるね。」という部分からも推察できます。現代文から推察できることをしっかりくみ取りながら解答していきましょう。

Step 基礎問題

■ 次の文章を読んで、問一～十に答えなさい。

（　　）問中（　　）問正解

Ⅰ

若侍が、狐が取り憑いた巫女から狐が大切に所持する白い宝玉を取り上げたところ、狐は、宝玉を返してくれれば若侍を末長く守ると約束した。そこで、若侍が宝玉を返すと、狐は喜んで受け取り、取り憑いていた巫女から離れ去った。

その後、この玉取りの男、太秦《うづまさ》に参りて帰りけるに、暗くなる程に御堂を出でて帰りければ、夜に入りてぞ内野を通りけるに、応天門の程を過ぎむとするに、いみじく物怖ろしく思えければ、「何なるにか」と怪しく思ふ程に、「実《まこと》や、『我を守らむ』と云ひし狐ありきかし」と思ひ出でて、暗きに只独り立ちて、「狐々」と呼びければ、こうこうと鳴き出で来にけり。見れば、現にあり。

「さればこそ」と思ひて、男狐に向かひて、「和狐、実に虚言《そらごと》せざりけり。いと哀れなり。ここを通らむと思ふに、極めて物怖ろしきを、我送れ」と云ひければ、狐聞き知り顔にて見返《かか》る見返る行きければ、男その後《しりへ》に立ちて行くに、Ⓐ例の道にはあらで異道《ことみち》を経て行き行きて、狐立ち留まりて、背中を曲めて抜き足に歩みて見返る所あり。そのままに男も抜き足に歩みて行けば、人の気色《けしき》あり。やはら見れば、弓箭兵杖《きうぜんひやうぢやう》を帯したる者ども数《あまた》立ちて、事の定めをするを、垣超しにやはら聞けば、早う盗人の入らむずる所の事定むるなりけり。「この盗人どもは道理の道に立てるなりけり。さればその道をば経ではざまよりゐて通るなりけり。狐それを知りてその盗人の立てる道をば経たる」と知りぬ。その道出で果てにければ、狐は失せにけり。男は平らかに家に帰りにけり。狐これにあらず、かやうにしつつ常にこの男に副《そ》ひて、多く助かる事どもぞありける。実に、「守らむ」と云ひけるに違《たが》ふ事なければ、Ⓑ男返す返すあはれになむ思ひける。かの玉を惜しみて与へざらましかば、男吉《よ》き事なからまし。しかれば、「賢く渡してけり」とぞ思ひける。

〈『今昔物語集』による〉

Ⅱ

王度《おうたく》は、師として仕えていた人物の死に際し、持っていれば、多くの妖怪は遠ざかるという古鏡を手に入れ、それを宝とした。ある時、王度が旅の途中に宿泊した程雄の家に、非常に礼儀正しく美しい、鸚鵡《あうむ》という使用人の女がいた。鸚鵡が王度の古鏡を見て逃げようとしたので、王度が問い詰めると、自分は千年生きる古狸《こり》で、これまで人の姿に化け、さまざまな人に仕えてきたと白状した。

度《ハ》又謂《いヒテ》曰《いハク》、「Ⓒ汝《なんぢハ》本老狸《ニシテ》、変《ジテ》形《ヲ》為《なル》人《ト》。豈《あニ》不《ざラン》害《セ》人《ヲ》也《やト》。」婢《ひ》曰《ハク》、「変《ジテ》形《ヲ》事《つかフ》人《ニ》、非《あらザル》有《ルニ》害《スルコトなり》也。Ⓓ但《ただ》逃匿幻惑《ハ》、神道《ノ》所《ナレバ》悪《ム》、自当《まさニベキ》至《あたル》死《ニ》耳《のみト》。」度又謂《ヒテ》曰《ハク》、「欲《ス》捨《ゆるサント》汝《ヲ》、可《ナラン》乎《かト》。」鸚鵡曰《ハク》、「辱《かたじケナクス》公《ノ》厚賜《ヲ》。豈《あニ》敢《あヘテ》忘《レンヤ》徳《ヲ》。然《しかレドモ》天鏡一《タビ》照《ラサバ》、不《ず》可《べカラ》逃《ル》形《ヲ》。但久《シク》為《セバ》人形《ヲ》、羞《ヅ》復《スルコトヲ》故《もとノ》体《ニ》。Ⓔ願《ハクハ》緘《とヂ》於匣《はこヲ》、許《セト》尽《クシテ》酔《ゑヒヲ》而終《ハランコトヲ》。」度又謂《ヒテ》曰《ハク》、「緘《ヂナバ》鏡《ヲ》於匣《ニ》、汝不《ラン》逃乎《やト》。」鸚鵡笑《ヒテ》曰《ハク》、「公《ニハ》適《たまたま》有《リテ》美言、尚《なホ》許《セリ》相捨《サンコトヲ》。緘《ヂテ》鏡《ヲ》而走《にゲシモ》、Ⓕ豈《ニ》不《ランヤ》終《ヘ》恩《ヲ》。但天鏡一《タビ》臨《マバ》、竄《かくスニ》跡《ヲ》無《シ》路《みち》。惟《ただ》希《こひねがヒ》数刻之《の》命《ヲ》、以《もつテ》尽《クサン》一生之歓《ヲ》耳《ト》。」度《ハ》登時《ただちニ》為《ためニ》匣《ニシ》鏡《ヲ》、又為《ニ》致《シ》酒《ヲ》、悉《ことごとク》召《シ》雄《ノ》家《ノ》隣里《ヲ》、与《ともニ》宴《えん》謔《ぎやくス》。婢《ハ》頃《しばらニクシテ》大《おほイニ》酔《ヒ》奮《ツテ》衣《ヲ》起《たチテ》舞《ヒテ》而歌《ヒテ》曰《ハク》、

「宝鏡宝鏡　哀《かなシイ》哉《かな》予《わが》命
自《より》我《ガ》離《レシ》形《ヲ》　于《い》今《まニ》幾姓《ゾ》

生ハ雖《いへども》レ可レ楽シト　死モ必ズ不レ傷《うれへ》

何《なん》為スレゾ眷《けん》恋《れん》シテ　守二ラント此ノ一方一ヲ」

Ⓖ歌訖をハリテ再拝シ、化シテ為二リテ老狸一ト而死ス。一座驚《きやう》歎《たん》セリ。

（『古鏡記』による）

【会話文】

春田さん「まずは両方の文を読んで、気づいた点を挙げてみようよ」

夏川さん「Ⅰの古文は狐が恩返しをした話で、Ⅱの漢文は古鏡を使って古狸を退治した話だから共通点はないんじゃないかな」

秋山さん「なるほど。じゃあ、Ⅰの古文とⅡの漢文の内容は全然違うということか」

冬野さん「でも、[X]を『美言』と言っている点で、Ⅰの古文との共通点はあるように思うよ。」

春田さん「確かに内容は少し違うけれど、[Y]様子が書かれているという点は両方の文章に共通していると読み取れるね。」

〈令和二年第一回高卒認定試験　改題〉

問一　傍線部Ⓐ「例の道にはあらで異道を経て行き行きて、狐立ち留まりて、背中を曲めて抜き足に歩みて見返る所あり」とはどのような様子を述べているか。最も適切なものを次の①～③のうちから一つ選びなさい。

① 狐は指定された道には盗賊はいないと思いつつ念のため違う道を通ったが、男の不安を解消するために物陰に隠れながら歩いている。

② 狐はいつもの道には盗賊がいて危険だと知っていたので違う道を通りつつ、男を気遣いながら盗賊に見つからないように歩いている。

③ 狐は普段使っている道には盗賊がいると察知して獣道を選んで通ったが、男がそれに気づき責めたためおどおどしながら歩いている。

問二　傍線部Ⓑ「男返す返すあはれになむ思ひける」の解釈として最も適切なものを次の①～③のうちから一つ選びなさい。

① 男は狐が男との約束を違えることなく自分を守ってくれたことに感心した。
② 男は狐がいつも自分を陰ながら見守り続けていることに息苦しさを感じた。
③ 男は狐がこの先もずっと男に仕えなければならないことを気の毒に思った。

問三　傍線部Ⓒ「汝《なんぢハ》本老狸《ニシテ》、変《ジテ》レ形《ヲ》為《なル》レ人《ト》。豈《あニ》不《ざラン》レ害《セ》レ人《ヲ》也《やト》。」の書き下し文として最も適切なものを次の①～③のうちから一つ選びなさい。

① 汝は本老狸にして、形を変じて人と為る。あに人を害せざらんやと。
② 汝は本老狸にして、形を変じて人と為る。豈に人を害せざらんと。
③ 汝は本老狸にして、形を変じて人と為る。豈に人を害せざらんやと。

問四　傍線部Ⓓ「但《ただ》逃匿幻惑《ハ》、神道《ノ》所《ナレバ》レ悪《にくム》、自《おのづかラ》当《まさニ》レ至《あたル》レ死《ニ》耳《のみト》。」の現代語訳として最も適切なものを次の①～③のうちから一つ選びなさい。

① ただ逃げ隠れしたり、人目をくらまし惑わしたりすることは、神が嫌うことなので、自ら死を選ぶだけである。
② ただ逃げ隠れしたり、人目をくらまし惑わしたりすることは、神が嫌うことなので、神は私に死を選ばせるだろう。
③ ただ逃げ隠れしたり、人目をくらまし惑わしたりすることは、神が私に命じたことだが私は嫌なので、自ら死を選ぶだけである。

問五　傍線部Ⓔ「願《ハクハ》緘《チ》二於匣《はこヲ》一、許《セト》二尽《クシテ》レ酔《ヒヲ》而終《ハランコトヲ》一。」の理由として最も適切なものを次の①～③のうちから一つ選びなさい。

① 王度の鏡に照らされ人間の姿を保つことができなくなったので、鏡をしまってもらい人間の姿でこの世を去りたいと思ったから。
② 王度の鏡は強い霊力を持った貴重な鏡であると分かったので、鏡をしまわせてから王度を酔わせ奪い取って自分の物にしたいと思ったから。
③ 王度の鏡は見る人の本性を暴いてしまう古鏡であったので、鏡をしまってもらい人々を安心させてから酒宴を始めたいと思ったから。

問六　傍線部Ⓕ「豈《あ》ニ不ランヤレ終ヘレ恩ヲ。」の現代語訳として最も適切なものを次の①～③のうちから一つ選びなさい。

① どうしても恩を果たせない。
② どうしても恩を果たせないだろう。
③ どうして恩を果たせないだろうか。いや、必ず恩を返す。

問七　傍線部Ⓖ「歌を訖ハリテ再拝シ、化シテ為リテ二老狸ト一而死ス。」の書き下し文として最も適切なものを次の①～③のうちから一つ選びなさい

① 歌をはりて再拝し、化して老狸と為りて死す。
② 歌訖はりて再拝し、化して老狸と為りて死す。
③ 歌訖はりて再拝し、化して老狸となりて死す。

問八　Ⅱの漢文中の漢詩に込められた思いとして最も適切なものを次の①～③のうちから一つ選びなさい。

① 自分の余命は短いので、残りの日々は恋人と過ごしたい。
② 自分の運命を嘆きながらも、自ら死を受け入れよう。
③ 自分の運命だと分かっているが、死を受け入れられない。

問九　空欄Xにあてはまるものとして最も適切なものを次の①～③のうちから一つ選びなさい。

① 王度が鸜鵒の命を助けてやると言ったこと
② 世間の人々が王度の人格をすばらしいと言ったこと
③ 世間の人々も鸜鵒の罪を許すと言ったこと

問十　空欄Yにあてはまるものとして最も適切なものを次の①～③のうちから一つ選びなさい。

① 狐や古狸であっても周囲への気遣いを忘れず、人と協力して生きようとする
② 狐や古狸であっても人と同様に知恵があり、人をだましたり陥れようとしたりする
③ 狐や古狸であっても人から受けた恩に感謝し、人を裏切らない誠実な行動をする

Jump

レベルアップ問題

■ 次の文章を読んで、問一～十に答えなさい。

（　　）問中（　　）問正解

Ⅰ

〔次の文章は、ある剣術修行者が技を極めようとして天狗《てんぐ》たちのいる深山に入り、教えを請う場面である。〕

その中に大天狗と覚しくて、鼻もさして長からず、羽翼も甚だ見《あらは》れず、衣冠正しく座上にありて、謂《い》ひて曰はく。各々論ずる所みな理《ことわり》なきにあらず。古《いにしへ》は情篤《あつ》く、志親切にして、事《わざ》を務むること健やかにして、屈することなく、怠ることなし。師の伝ふる所を信じて昼夜心に工夫し、事《わざ》にこころみ、うたがはしきことをば友に討《たづ》ね、修行熟して吾《われ》とその理を悟る。ゆゑに内に徹すること深し。師は始め、事を伝へてその含むところを語らず、自ら開くるを待つのみ。これを引而不発《ひいてはなたず》といふ。吝《おし》みて語らざるにはあらず。この間に心を用ひて修行熟せんことを欲するのみ。弟子心を尽《つ》くして工夫し、自得する所あれば猶《な》ほ往《ゆ》きて師に問ふ。師その心に叶《かな》ふときはこれを許すのみ。Ⓐ師の方より発して教ふることなし。唯《ただ》芸術のみにあらず。孔子曰はく、一隅を挙げて三の隅を以《もっ》て反《かへつ》さふせざる者には復《また》せずと。これ古人の教法なり。故に学術芸術ともに慥《たし》かにして篤《あつ》し。

今人情薄く、志切ならず。少壮より労を厭《いと》ひ、簡を好み、小利を見て速やかにならんことを欲するの所へ、古法の如《ごと》く教へば、修行するものあるべからず。今は師の方より途《みち》を啓《ひら》きて、初学の者にもその極則を説き聞かせ、その帰着する所をしめし、猶ほ手を執つてこれをひくのみ。Ⓑかくのごとくしてすら猶ほ退屈して止《や》む者多し。次第に理は高上に成つて古人を足らずとし、修行は薄く居ながら、天へも上る工夫をするのみ。これまた時の勢ひなり。人を導くは馬を御するがごとし。その邪にゆくの気を抑へて、そのみづからすすむの正気を助くるのみ。また強ふることなし。

〈『今昔物語集』による〉

Ⅱ

〔次の文章は、王の近くにいる小人が王を悪い方へ導くこと、及び王も学に専心するべきことを孟子が述べたものである。〕

今夫《そ》レ莕《えき》之《の》為《た》ルレ数、小数ナレドモ也、不レバ二専ラニシレ心ヲ致サ一レ志ヲ、則《すなは》チ不ルレ得也《なり》。莕《えき》秋ハ、通国之善クスルレ莕ヲ者也。使シムルニ三莕秋ヲシテ誨《をしへ》二二人ニ一莕一、其ノ一人ハ専ラニシレ心ヲ致シレ志ヲ、惟《ただ》莕秋ニ之《これ》為《な》スレ聴クコトヲ。一人ハ雖《いへど》モ聴クトレ之ヲ、ⓒ一心ニハ以《お》為《もへ》ラク、有リテ二鴻《こう》鵠《こく》一将《まさ》ニすトレ至ラント。思ハバ下援《ひき》テ二弓《きゅう》繳《しゃく》ヲ一而射ンコトヲ上レ之ヲ、雖モ二与《と》レ之倶《とも》ニ学ブト一、不レ若《し》カレ之ニ矣。為《ため》ニ二是レ其ノ智ノ不ルガ一レ若《し》カレ与《か》。曰ハク、非《あら》ザルレ然《しか》ルニハ也ト。

〈『天狗芸術論』による〉

※吾と……自分で。

一隅を挙げて三の隅を以て反さふせざる者には復せず……『論語』述而第七に「挙一隅不以三隅反、則不復也」とある。「四角なものを教えるのに、一隅を持ち上げてみせると他の三隅に反応を示すようでなければ、重ねて教えることはしない」の意。

慥かにして篤し……確かで奥が深い。

少壮……若いとき。

理は高上に成つて古人を足らず……理屈ばかりが高等になって、昔の人は言葉が足りない。

莕……囲碁。

数……技術。「小数」はつまらぬ技術。
弈秋……「秋」という名の囲碁の名人。
鴻鵠……大きな鳥。
繳……「いぐるみ」といって、糸縄をもって矢の端にかけているしかけ。

〈令和二年第二回高卒認定試験　改題〉

問一　傍線部Ⓐ「師の方より発して教ふることなし。」の理由として最も適切なものを次の①～③のうちから一つ選びなさい。

① 師は気に入った弟子に対してだけ真理を教えればよく、全ての弟子に教える必要はないから。
② 昔の人間はみな熱心に学ぶので、師から何も教えなくても弟子が勝手に真理を悟ってしまうから。
③ 最初に師は技のみを教え、後は弟子自身が試行錯誤しながらその真理を悟るのを待つだけだから。

問二　傍線部Ⓑ「かくのごとくしてすら猶ほ退屈して止む者多し。」の解釈として最も適切なものを次の①～③のうちから一つ選びなさい。

① 初心者に対して馬を御する方法を順序立てて細やかに指導しても、やはり途中で退屈に感じて馬の飼育をやめてしまう者が多いのである。
② 初心者に対して最終的な目標と核心的な原理を提示して手取り足取り指導しても、やはり退屈に感じて修行をやめてしまう者が多いのである。
③ 修行者に対して面倒なことでも自分のために目標を立てるように指導しても、それでも退屈に感じて夢をあきらめてしまう者が多いのである。

問三　傍線部Ⓒ「一心以為とあるが、」その内容の説明として最も適切なものを次の①～③のうちから一つ選びなさい。

① 何も知らない王を馬鹿にしてやろうということ。
② 飛んできた鳥を弓で射貫いてやろうということ。
③ 囲碁の技術を一番早く習得してやろうということ。

問四　Ⅰ・Ⅱの文章を読んだ後、清水さんは本文の内容をノートにまとめた。空欄Eに入る内容として最も適切なものを次の①～③のうちから一つ選びなさい。

【清水さんのノート】

Ⅰの文章
・立場…指導者
・具体例…御者
・まとめ…E

① 教える者は学ぶ者が様々な誘惑に気持ちが向かないようにし、自然と学ぶことができるように支援しなければならない。
② 教える者は学ぶ者の持つ本来の力を信じるのではなく、決まった内容を確実に伝え、必ず真理に到達させなければならない。
③ 学ぶ者は常に意欲的なわけではないので、教える者は常に学ぶ者の様子を見極め、集中できるときに学ばせなければならない。

問五　Ⅰ・Ⅱの文章を読んだ後、清水さんは本文の内容をノートにまとめた。空欄Fに入る内容として最も適切なものを次の①～③のうちから一つ選びなさい。

【清水さんのノート】

Ⅱの文章
・立場…学ぶ者
・具体例…囲碁
・まとめ…F

① 師事した人によって教える内容に差があるので、優れた師を見つけることが大切である。
② 能力があるかどうかよりも、教えられたことに集中して学ぶ努力をすることが大切である。
③ 教えられたことを集中的に学ぶことよりも、興味関心のあるものを学ぶことが大切である。

基礎問題　解説

【書き下し文】

度は又謂ひて曰はく、「汝は本老狸にして、形を変じて人と為る。豈に人を害せざらんや。」と。婢曰はく、「形を変じて人に事ふ、害すること有るに非ざるなり。但逃匿幻惑は、神道の悪む所なれば、自ら当に死に至るべきのみ。」と。度又謂ひて曰はく、「汝を捨さんと欲す、可ならんか。」と。鸚鵡曰はく、「公の厚賜を辱けなくす。豈に敢へて徳を忘れんや。然れども天鏡一たび照らさば、形を逃るべからず。但久しく人形を為せば、故の体に復することを羞づ。願はくは匣を緘ぢ、酔ひを尽くして終はらんことを許せ。」と。度又謂ひて曰はく、「鏡を匣に緘ぢなば、汝は逃れざらんや。」と。鸚鵡笑ひて曰はく、「公には適美言有りて、尚ほ相捨さんことを許せり。鏡を緘ぢて走げしも、豈に恩を終へざらんや。但天鏡一たび臨まば、跡を竄すに路無し。惟数刻の命を希ひ、以て一生の歓を尽くさんのみ。」と。度は登時に為に鏡を匣にし、又為に酒を致し、悉く雄の家の隣里を召し、与に宴謔す。婢は頃くにして大いに酔ひ、衣を奮つて起ちて舞ひて歌ひて曰はく、

「宝鏡宝鏡　哀しいかな予が命

我が形を離れし自り　于今に幾姓ぞ

生は楽しむべしと雖も　死も必ず傷へず

何為れぞ眷恋して　此の一方を守らん」と。

歌訖はりて再拝し、化して老狸と為りて死す。一座驚歎せり。

【現代語訳】

度はまた言った、「お前はもともとは老狸であり、形を変えて人になっている。どうして人に害を与えないことがあろうか。（いや、与える。）」と。使用人は言った、「形を変えて人に仕えることは、害することではない。ただ逃げ隠れしたり、人目をくらまし惑わしたりすることは、神が嫌うことなので、自ら死を選ぶだけである。」と。度はまた言った、「汝を逃がしたいと思っている。それは可能であるか。」と。鸚鵡は言った、「王度の施しを辱めることになる。どうして自ら徳に背くよう

なことをするだろうか。（いや、しない。）それでも、古鏡に一度照らされれば、元の形になってしまう。ただ長い間人の姿をしていたので、元の体に戻りたくはない。願わくば、鏡をしまってもらい、酔いを巡らせて死ぬことを許してほしい。」と。度はまた言った、「鏡をしまわなければ、お前は逃げられないではないか。」と。鸚鵡は笑って言った、「王度にたまたま良く言ってもらい、さらには逃げることをも許そうとしてくれている。鏡をしまって逃げ出したとしても、どうして恩を果たせないだろうか。（いや、必ず恩を返す。）ただ古鏡を一度見れば、もう正体を隠すことはできない。ただあと少しの命を大切にし、一生の楽しみを尽したい。」と。度は直ちに鏡をしまい、酒を用意して、程雄の家のある里の人々を招待し、宴会を開いた。使用人は大いに酔い、衣服を奮って立って舞い、歌いながら言った、「宝鏡よ宝鏡よ　なんと悲しいことか私の人生は　自分の姿を変え、今までいくつもの王朝を渡り歩いてきた　人生は楽しむべしといえども　死も必ずしも嘆き悲しいものではない　何のために生を恋い慕い　生の一方に固執する」と。歌い終わってもう一度お辞儀をすると、変身が解かれ、老狸になって死んだ。その場にいた者たちは驚き叫んだ。

問一【②】

狐が立ち止まったり、背中を丸めて歩いたりしていたのは、表通りに盗賊がいることを予め察知しており、彼らに見つからないようにするためです。対して男は、表通りに盗賊がいることを知らず、狐の様子を真似るようにただ歩いていました。このことを参考に選択肢を見ていきます。①について、「指定された道〜違う道を通った」という部分が、狐は本来通る道に盗賊がいることを知っていたという内容と合致しないので、誤りです。②について、「いつもの道には盗賊がいて」「盗賊に見つからないように」という部分が、本文の内容と合致するので、正しいです。③について、「男がそれに気づき責めたため」という部分が、男は黙って狐の様子を真似ながらついていったという本文の内容と合致しないので、誤りです。したがって、正解は②となります。

問二【①】

傍線部Bの直前に、「実に、『守らむ』と云ひけるに違ふ事なければ」とあります。これより、狐が玉を返してくれた恩返しに「あなたを守る」といった発言に嘘はなく、それに従って、今回も盗賊に出会いそうだったところから助けてくれたことが読み取れます。それを受けて、男は狐に対して、「あはれ(かわいらしい、感心)」と返す返す思ったということになります。このことを参考に選択肢を見ていきます。①について、「約束を違える〜に感心した」という部分が、本文の最後から3行目、「実に、「守らむ」〜事なければ、」という内容と合致するので、正しいです。②について、「息苦しさを感じた」という部分が、「あはれ」という表現が意味することと合致しないので、誤りです。③について、「気の毒に思った」という部分が、狐の恩返しに感動している男の心情と合致しないので、誤りです。したがって、正解は①となります。

問三 【③】

傍線部の書き下し文は「汝は本老狸にして、形を変じて人と為る。豈に人を害せざらんや。」となります。①は「豈」をひらがなにしてしまっている点、②は再読文字である「豈」を正しく取り扱えていないため誤りです。

問四 【①】

傍線部の書き下し文は『但逃匿幻惑は、神道の悪む所なれば、自ら当に死に至るべきのみ』、現代語訳は『ただ逃げ隠れしたり、人目をくらまし惑わしたりすることは、神が嫌うことなので、自ら死を選ぶだけである』となります。②は「神が私に死を選ばせるだろう」という部分、③は「神が私に命じたことだが私は嫌なので、」という部分の訳が誤りです。

問五 【①】

傍線部Eの直前にある二文は、「それでも、古鏡に一度照らされれば、元の形になってしまう。ただ長い間人の姿をしていたので、元の体に戻りたくはない。」という意味です。つまり、老狸は人間の姿のままで死にたいと考えていたので、鏡をしまって、酔いを巡らせた上で死にたいと王度に告げたということになります。このことを参考に選択肢を見ていきます。①について、「鏡をしまって〜世を去りたい」という部分が、傍線部Eとその直前の内容と合致するので、正しいです。②について、「王度を酔わせ〜物にしたい」という部分が、本文の内容と合致しないので、誤りです。③について、「人々を安心させてから酒宴を始めたい」という部分が、鏡は人に対して恐怖を与えるものではないことから、誤りです。したがって、正解は①となります。

問六【③】

傍線部の書き下し文は「豈に恩を終へざらんや。」となります。現代語訳については再読文字の「豈」の意味が正しく理解できているかがポイントとなります。「豈」は「どうして～しないのか(～すればいいのに)」という意味で、反語をあらわします。これを正しく表わすことができているのは③です。

問七【②】

傍線部の書き下し文は「歌訖はりて再拝し、化して老狸と為りて死す。」となります。①は「訖」をひらがなにしてしまっている点、③は「為」をひらがなにしてしまっている点が誤りです。

問八【②】

Ⅱの文章の最後に書かれている漢詩は、「哀哉予命」と自分の人生を嘆きながらも、「死必不傷」と自分の死を受け入れる気持ちを歌っています。このことを参考に選択肢を見ていきます。①について、「残りの日々は恋人と過ごしたい」という部分が、漢文の内容と合致しないため、誤りです。②について、「運命を嘆きながらも、自ら死を受け入れよう」という部分が、漢詩の内容と合致するので、正しいです。③について、「死を受け入れられない」という部分が、自らの死を受け入れようとする漢詩の内容と反対になっているため、誤りです。したがって、正解は②となります。

問九【①】

Ⅱの文章の「美言」とは、直訳すると"良い言葉、ありがたい言葉"という意味です。鸚鵡にとってありがたい言葉とは、王度の鸚鵡(老狸)に対して言った「欲捨汝」のことであり、王度が鸚鵡を許したい、救ってあげたいという言葉を指します。このことを参考に選択肢を見ていきます。①について、前述の内容と合致するため、正しいです。②について、「王度の人格をすばらしいと言った」という部分は、本文に書かれていないので、誤りです。③について、世間の人々の考えについては本文に書かれていないので、誤りです。したがって、正解は①となります。

問十【③】

Ⅰ、Ⅱの文章に共通する内容は、人から受けた施しに対して感謝し、人に対して誠実に行動することです。Ⅰの文章では、玉を返してもらったことに感謝し、誓った通りに若侍を守っており、Ⅱの文章では、助けたいという王度の言葉に感謝しながらも、変身して過ごしてきたことをきっちりと死して償っており、それぞれ誠実に行動しています。このことを参考に選択肢を見ていきます。①について、「人と協力して生きようとする」という部分は、本文の趣旨と合致しないので、誤りです。②について、「人をだましたり陥れようとしたりする」という部分が、特にⅠの文章の狐の恩返しの内容と反対になってしまうので、誤りです。③について、「受けた恩に感謝し～行動をする」という部分が、Ⅰの文章の狐の男への恩返し、Ⅱの文章の老狸の償いと合致するので、正しいです。したがって、正解は③となります。

レベルアップ問題 解説

Ⅰ

【現代語訳】

その中に天狗と見受けられる、鼻もそれほど長くなく、翼も全く見えない者が、衣服と冠を正しく身に着けて台座に座っていて、（修行者に）言った。

それぞれ論じていることはすべて筋が通っていないわけではない。先人たちは情に厚く、志をしっかりと持ち、修行をしっかりとこなし、屈することも怠けることもなかった。師匠からの伝えを信じて昼も夜も精神に工夫を施し、修行に取り組み、質問があれば友人に尋ね、修行を積み重ねて自分でその真理を悟った。そのため、自分自身でやり通すことは十分にできる。師匠は最初に、修行の内容を伝え、その意味するところについては語らず、自分自身で悟るのを待つだけであった。これを引而不発という。惜しんで語らないということではない。その間に精神を集中させて修行を重ねることを望んでいるからである。弟子は精神を集中させて工夫を施し、自分で得られることがあればさらに突き詰めて、師匠に問う。師匠は自身の思いと合致するときは、これを認める。師匠の方から進んで教えることはしない。芸術だけにあてはまることではない。孔子は言った、「四角なものを教えるのに、一隅を持ち上げてみせたときに他の三隅に反応を示すようでなければ、重ねて教えることはしない」と。これが先人の教え方である。だから、学術も芸術もともに確かで奥が深い。

今の人は情が薄く、志をしっかりと持っていない。若い時から苦労することを嫌い、簡単なものを好み、小さな利益を見つけてはすぐに手に入れようとするとする者に対して、昔のやり方のように教えると、修行するものがいるはずもない。今は師匠の方から道理を教えて、初めて学び始めるものに対してもその真意を説いて聞かせ、その到達する域を示し、さらに手取り足取り弟子を引っ張るばかりである。このようにして、それでも退屈に思って辞める者が多い。次第に理屈ばかりが高等になって、昔の人は言葉が足りないといって、修行は簡単にしながら天にも到達しようと工夫をするばかりである。これはまた時代の成行きである。人を教え導くのは、馬を制するようである。弟子の邪道へ進もうとする気持ちを抑えて、自分から進んでいこうとする正しい気持ちをしっかりと支えることである。また、無理強いしてはいけない。

Ⅱ

【書き出し文】

今夫れ弈の数為る、小数なれども、心を専らにし志を致さざれば、則ち得ざるなり。弈秋は、通国の弈を善くする者なり。弈秋をして二人に弈を誨へしむるに、其の一人は心を専らにし志を致し、惟弈秋に之聴くことを為す。一人は之を聴くと雖も、一心には以為へらく、鴻鵠有りて将に至らんとすと。弓繳を援きて之を射んことを思はば、之と倶に学ぶと雖も、之に若かず。是れ其の智の若かざるが為にか。曰はく、然るには非ざるなりと。

【現代語訳】

例えば、囲碁の技術というと、それはつまらぬ技術だが、専心して意志を貫かなければ、上達できない。秋は天下誰でも知っている囲碁の達人である。だが秋に、二人の弟子に囲碁を教えさせたとしても、一人は専心して意志を貫きひたすら秋の教えを聴き、もう一人は秋の言葉をただ聴いているだけである。後者は、聞いているとはいっても、心の中ではそろそろ渡り鳥がやってくる季節だなあと考えているのである。渡り鳥が来たら弓で狩りしてやろうかなあと考えていたのであれば、二人一緒に学んでいたとしても、上達の差は歴然である。これは智が足りないから差がついたのか。いや、そうではない。

問一【③】

「師の方より発して教ふることなし。」とは、最初に師匠の方から技術のみを伝えるが、その真理については教えることはせず、弟子自身が試行錯誤して到達するという意味です。このことを参考に選択肢を見ていきます。①について、「気に入った弟子～教えればよく」という部分が誤りです。②について、「師から何も～悟ってしまう」という部分が誤りです。③について、「師は技のみを教え、～悟るのを待つだけ」という部分が、本文の内容と合致するので、正しいです。したがって、正解は③となります。

問二【②】

「かくのごとく～止む者多し。」とは、技術だけでなく、その真理について教えた上で、手取り足取り支援したとしても途中で挫折してしまう者が多いということです。このことを参考に選択肢を見ていきます。①について、「馬を御する方法」「馬の飼育をやめてしまう」という部分が、本文では馬に限った話をしていないことから、誤りです。②について、「最終的な目標と～修行をやめてしまう」という部分が、本文の内容と合致するので、正しいです。③について、「自分のために目標を立てる」「夢をあきらめてしまう」という部分が、本文の趣旨と合致しないので、誤りです。したがって、正解は②となります。

問三【②】

「一心以為」の直後に「有リテ㆓鴻鵠㆒将ニ㆑至ラント。思ハバ㆘援テ㆓弓繳ヲ㆒而射ンコトヲ㆖㆑之ヲ」とあります。これより、「一心不為」の内容とは、そろそろ渡り鳥がやってくる季節だなあと思い、弓でこれを射貫こうと考えていることだとわかります。このことを参考に選択肢を見ていきます。①について、「王を馬鹿にしてやろう」という部分が、本文の趣旨と合致しないので、誤りです。②について、「一心以為」以降の内容と合致しているので、正しいです。③について、「一番早く習得してやろう」という部分が、「一心以為」以降の内容と合致しないので、誤りです。したがって、正解は②となります。

問四【①】

Ⅰでは、文章の最後に、「弟子の邪道へ進もうとする気持ちを抑えて、自分から進んでいこうとする正しい気持ちをしっかりと支えることである。また、無理強いしてはいけない。」という内容が書かれています。よって、Ⅰの文章のまとめであるEの空欄には、師は、学ぼうとする弟子が誘惑に負けないように支援することが大事であるという内容が入ればよいということになります。①について、前述の内容と合致するので、正しいです。②について、「決まった内容を～させなければならない」という部分が、本文の主張と合致しないので、誤りです。③について、「常に意欲的なわけではない」「集中できるときに学ばせなければいけない」という部分が、邪道に進まないようにし、正しい方向へ進むように支援するという本文の教え方と合致しないので、誤りです。したがって、正解は①となります。

問五【②】

Ⅱでは、文章の最後に、「これは智が足りないから差がついたのか。いや、そうではない。」という内容が書かれています。また、その直前に、教えを聞いているようで、余計なことを考えている弟子の話が書かれています。よって、Ⅱの文章のまとめであるFの空欄には、能力ではなく、集中して学ぼうとする姿勢が大事であるという内容が入ればよいということになります。①について、「優れた師を見つけることが大切である」という部分が、弟子の姿勢について説いている本文の内容と合致しないので、誤りです。②について、「教えられたこと～大切である」という部分が、本文の後半の内容と合致するので、正しいです。③について、「興味関心のあるものを学ぶ」という部分が、本文の内容と合致しないので、誤りです。したがって、正解は②となります。

高卒認定ワークブック　新課程対応版
国語

2024年　3月22日　初版　　第1刷発行
2024年　6月　6日　　　　　第2刷発行

編　集：J-出版編集部
制　作：J-出版編集部
発　行：J-出版
〒112-0002 東京都文京区小石川 2-3-4 第一川田ビル　TEL 03-5800-0552
J-出版.Net　http://www.j-publish.net/

この本についてのご質問・ご要望は次のところへお願いいたします。
＊企画・編集内容に関することは、J-出版編集部（03-5800-0522）
＊在庫・不良品（乱丁・落丁等）に関することは、J-出版（03-5800-0552）
＊定価はカバーに記載してあります。

ISBN978-4-909326-80-5　C7300　Printed in Japan